KB092330

화수분 · 창랑 정기

전영택 / 유진오 / 정비석

천치? 천재? / 운명 / 소 / 방황 / 흰 닭 / 김강사와 T교수 / 성황당

SR&B (새로본닷컴)

이인문의 〈사공〉

〈베스트 논술 한국대표문학(전60권)〉을 펴내며

　어린 시절의 독서는 평생의 이성과 열정을 보장해 줄 에너지의 탱크를 채우는 일입니다. 인생의 지표를 세울 수 있는 가장 믿을 만한 방법이기도 합니다.

　새로 접하는 사물의 이치를 터득하려면 그 정보를 대뇌 속에 담는 프로그램이 마련되어 있어야 합니다. 그 프로그램을 구축하는 가장 효과적인 방법이 지속적인 독서입니다. 독서는 책과 나의 쌍방향적인 대화이며 만남이며 스킨십입니다.

　그러나 단순한 독서만으로는 생각하는 힘과 정확히 표현하는 힘을 키울 수 없습니다. 〈베스트 논술 한국대표문학〉은 이에 유의하여 다음과 같이 편찬하였습니다.

① 초·중·고 교과서에 실린 고전 및 현대 문학 작품부터 〈삼국유사〉, 〈난중일기〉, 〈목민심서〉 등 우리의 정신을 일깨워 주고 우리에게 지혜와 용기를 준 '위대한 한국 고전'에 이르기까지 한 권 한 권을 가려 뽑았습니다.

② 각 권의 내용과 특성을 분석하여, '작가와 작품 스터디', '논술 가이드' 등을 덧붙여 생각하는 힘, 표현하는 힘을 키울 수 있도록 각 분야의 권위 학자, 논술 전문가들이 심혈을 기울였습니다.

③ 특히 현대 문학 부문은 최근 학계에서, 이 때까지의 오류를 바로잡아 정확한 텍스트를 확정한 것을 반영하였고, 고전 부문은 쉽고 아름다운 현대 국어로 재현하였습니다.

④ 각 작품에 관련된 작가의 고향을 비롯한 작품의 배경, 작품의 참고 자료 등을 일일이 답사 촬영하거나 수집·정리하여 화보로 꾸몄고, 각 작품의 갈피 갈피마다 아름다운 그림을 넣어, 작품에 좀더 친근감 있게 접근할 수 있도록 하였습니다.

　이 〈베스트 논술 한국대표문학〉이 여러분이 '큰 사람', '슬기로운 사람'이 되는 데 충실한 밑거름이 되기를 바랍니다.

〈베스트 논술 한국대표문학〉 편찬위원회

전영택

국제 펜 클럽에 참석하기 위해 일본 공항에 내린
전영택(뒷줄 오른쪽 여섯 번째)

딸의 졸업식에
참석한 전영택

1963년 광복절날 가족들과 함께

손자의 돌잔치에 참석한 전영택

진오

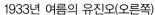
1933년 여름의 유진오(오른쪽)

〈김강사와 T교수〉의
원본

김성수 동상 앞에서의 유진오

고려 대학교 총장 시절의 유진오(가운데)

유진오와 박화성

이효석 추모회에 참석한 유진오

서재에서의 정비석

정비석

광한루 앞에서의 정비석(왼쪽)

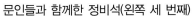

친구들과 함께한
정비석(앞줄 왼쪽)

문인들과 함께한 정비석(왼쪽 세 번째)

차례

전영택

화수분

화수분*

1

첫겨울 추운 밤은 고요히 깊어 간다. 뒤뜰 창 바깥에 지나가는 사람 소리도 끊어지고, 이따금 찬바람 부는 소리가 휙—우수수 하고 바깥의 춥고 쓸쓸한 것을 알리면서 사람을 위협하는 듯하다.

"만주노 호야 호오야*."

길게 그리고도 힘없이 외치는 소리가, 보지 않아도 추워서 수그리고 웅크리고 가는 듯한 사람이 몹시 처량하고 가엾어 보인다. 어린애들은 모두 잠들고 학교 다니는 아이들은 눈에 졸음이 잔뜩 몰려서 입으로만 소리를 내어 글을 읽는다. 나는 누워서 손만 내놓아 신문을 들고 소설을 보고, 아내는 이불을 들쓰고* 어린애 저고리를 짓고 있다.

"누가 우나?"

일하던 아내가 말하였다.

＊ 화수분 속에 물건을 넣어 두면 새끼를 쳐서 끝없이 물건이 생겨 나온다는 그릇. '화수분 단지'의 준말. 여기서는 재물이 거듭 생겨서 아무리 써도 줄지 아니함을 뜻함.
＊ 만주노 호야 호오야 만두팔이가 외치는 소리.
＊ 들쓰고 아무렇게나 덮어쓰다. 뒤짚어쓰다.

"아니야요. 그 절름발이가 지나가며 무슨 소리를 지껄이면서 그러나 보아요."

공부하던 애가 말한다. 우리들은 잠시 그 소리를 들으려고 귀를 기울였으나, 다시 각각 그 하던 일을 계속하여 다시 주의도 하지 아니하였다. 그러다가 우리는 모두 잠이 들어 버렸다. 나는 자다가 꿈결같이 으으으 으으으 하는 소리를 들었다. 잠깐 잠이 반쯤 깨었으나 다시 잠들었다. 잠이 들려고 하다가 또 깜짝 놀라서 깨었다. 그리고 아내에게 물었다.

"저게 누가 울지 않소?"

"아범이구려."

나는 벌떡 일어나서 귀를 기울였다. 과연 아범의 우는 소리다. 행랑에 있는 아범의 우는 소리다.

'어찌하여 우는가. 사나이가 어찌하여 우는가. 자기 시골서 무슨 슬픈 상사의 기별을 받았나? 무슨 원통할 일을 당하였나?'

나는 생각하였다. 어이어이 느껴 우는 소리를 들으면서 아내에게 물었다.

"아범이 왜 울까?"

"글쎄요, 왜 울까요?"

2

아범은 금년 구월에 그 아내와 어린 계집애 둘을 데리고 우리 집 행랑방에 들었다. 나이는 한 서른 살쯤 먹어 보이고 머리에 상투가 그냥 달라붙어 있고, 키가 늘씬하고 얼굴은 기름하고 누르퉁퉁하고, 눈은 좀 큰데 사람이 퍽 순하고 착해 보였다. 주인을 보며 어느 때든지 그 방에서 고달픈 몸으로 밥을 먹다가도 얼른 일어나서 허리를 굽혀 절한다. 나는 그것이 너무 미안해서 그러지 말라고 이르려고 하면서 늘 그냥 지내었다. 그 아내는 키가 자그마하고 몸이 뚱뚱하고, 이마가 좁고, 항상 입을 다물고 아무 말이 없다. 적은 돈을 회계할 줄을 알아도 '원' 이나 '백 냥' 넘는 돈은 회계할 줄은 모른다.

그리고 어멈은 날짜 회계할 줄을 모른다. 그러기에 저 낳은 아이들의 생일을 아범이 그 전날, 내일이 생일이라고 일러 주지 않으면 모른다고 한다. 그러나 결코 속일 줄은 모르고, 무슨 일이든지 하라는 대로 하기는 하나 얼른 대답을 시원히 하지 않고, 꾸물꾸물 오래 하는 것이 흠이다. 그래도 아침에는 일찍이 일어나서 기름을 발라 머리를 곱게 빗고, 빨간 댕기를 드려 쪽을 찌고 나온다.

그들에게는 지금 입고 있는 단벌 홑옷과 조그만 냄비 하나밖에 아무것도 없다. 세간도 없고, 물론 입을 옷도 없고, 덮을 이부자리도 없고, 밥 담아 먹을 그릇도 없고, 밥 먹을 숟가락 한 개가 없다. 있는 것이라고는 보기 싫게 생긴 딸 둘과 작은애를 업는 홑누더기와 띠, 아범이 벌이하는 지게가 하나 —— 이것뿐이다. 밥은 우선 주인집에서 내어간 사발과 숟가락으로 먹고, 물은 역시 주인집 어린애가 먹고 비운 가루우유 통을 갖다가 떠 먹는다.

아홉 살 먹은 큰 계집애는 몸이 좀 뚱뚱하고 얼굴은 컴컴한데, 이마는 어미 닮아서 좁고, 볼은 애비 닮아서 축 늘어졌다. 그리고 이르는 말은 하나도 듣는 법이 없다. 그 어미가 아무리 욕하고 때리고 하여도 볼만 부어서 까닥없다. 도리어 어미를 욕한다. 꼭 서서 어미보고 눈을 부르대고 '조 깍쟁이가 왜 야단이야.' 하고 욕을 한다. 먹을 것이 생기면 자식 먹이고 남편 대접하고, 자기는 늘 굶는 어미가 헛입 노릇이라도 하는 것을 보게 되면 '저 망할 계집년이 무얼 혼자만 처먹어?' 하고 욕을 한다. 다만 자기 어미나 아비의 말을 아니 들을 뿐 아니라, 주인 마누라나 주인 나리가 무슨 말을 일러도 아니 듣는다. 먼 데 있는 것을 가까이 오게 하려면 손수 붙들어 와야 하고, 가까이 있는 것을 비키게 하려면 붙들어다 치워야 한다.

다음에 작은 계집애는 돌을 지나 세 살 먹은 것인데, 눈이 커다랗고 입술이 삐죽 나오고, 걸음은 겨우 빼뚤빼뚤 걷는다. 그러나 여태 말도 도무지 못하고, 새벽부터 하루 종일 붙들어 매어 끌려가는 돼지 소리같이 크고 흉한 소리를 내어 울어서 해를 보낸다.

울지 않는 때라고는 먹는 때와 자는 때뿐이다. 그러나 먹기는 썩 잘 먹는다. 먹을 것이라고는 눈앞에 보이기만 하면 죄다 빼앗아다가 두 다리 사이에 넣고, 다리와 팔로 웅크리고 응응 소리를 내면서 혼자서 먹는다. 그렇게 심술 사나운 큰 계집애도 다 빼앗기고 졸연해서 얻어먹지 못한다. 이렇기 때문에 작은 것은 늘 어미 뒷잔등에 업혀 있다. 만일, 내려놓아 버려 두면 그냥 땅바닥에 벗은 몸으로 두 다리를 턱 내뻗치고, 묶여 가는 돼지 소리로 동리가 요란하도록 냅다 지른다.

그래서 어멈은 밤낮 작은것을 업고 큰것과 싸움을 하면서 얻어먹지도 못하고, 물 긷고 걸레질 치고 빨래하고 서서 돌아간다. 작은것에게는 젓을 먹이고, 큰것의 욕을 먹고 성화받고, 사나이에게 웅얼웅얼하는 잔말을 듣는다. 밥 지을 쌀도 없는데, 밥 안 짓는다고 욕을 한다. 그리고 아범은 밝기도 전에 지게를 지고 나갔다가 밤이 어두워서 들어오지만, 하루에 두 끼니를 못 끓여 먹고, 대게는 벌이가 없어서 새벽에 나갔다가도 오정때나 되면 일찍 들어온다. 들어와서는 흔히 잔다. 이런 때는 온종일 그 이튿날 아침까지 굶는다. 그 때마다 말없던 어멈이 옹알옹알 바가지 긁는 소리가 들린다. 어멈이 그 애들 때문에 그렇게 애쓰고, 그들의 살림이 그렇게 어려운 것을 보고, 나는 이따금 이렇게 생각하였다.

아내에게 말도 한다.

"저 애들을 누구를 주기나 하지."

위에 말한 것은 아범과 그 식구의 대강한 정형이다. 그러나 밤중에 그렇게 섧게 운 까닭은 무엇인가?

3

그 이튿날 아침이다. 마침 일요일이기 때문에 내게는 한가한 틈이 있어서 어멈에게서 그 내용을 들을 기회가 있었다.

"지난밤에 아범이 왜 그렇게 울었나?"

하는 아내의 말에 어멈의 대답은 대강 이러하였다.

"제가 늘 쌀을 팔러 댕겨서 저 뒤의 쌀가게 마누라를 알지요. 그 마누라가 퍽 고맙게 굴어서 이따금 앉아서 이야기도 했어요. 때때로 그 애들을 데리고 어떻게 지내나 하고 물어요. 그럴 적마다 '죽지 못해 살지요.' 하고 아무 말도 아니했어요. 그러는데 한번은 가니까 큰애를 누구를 주면 어떠냐고 그래요. 그래서 '제가 데리고 있다가 먹이면 먹이고 죽이면 죽이고 하지, 제 새끼를 어떻게 남을 줍니까? 그리고 워낙 못생기고 아무 철이 없어서 에미 애비나 기르다가 죽이더래도 남은 못 주어요. 남이 가져갈 게 못 됩니다. 그것을 데려가시는 댁에서는 길러 무엇합니까. 돼지면 잡아나 먹지요.' 하고 저는 줄 생각도 안했어요. 그래도 그 마누라는 '어린것이 다 그렇지 어떤가. 어서 좋은 댁에서 달라니 보내게. 잘 길러 시집 보내 주신다네. 그리고 젊은이들은 빌어 먹고 살아야지. 애들을 다 데리고 있다가 인제 차차 날도 추워 오는데 모두 한꺼번에 굶어 죽지나 말고……' 하시면서 여러 말로 대구 권하셔요. 말을 들으니까 그랬으면 좋을 듯도 하기에 '그럼 저의 아범보고 말을 해 보지요.' 했지요. 그랬더니 그 마누라가 부쩍 달라붙어서 '내일 그댁 마누라가 우리 집으로 오실 터이니 그 애를 데리고 오게.' 하셔요. 해서 저는 '글쎄요.' 하고 돌아왔지요. 돌아와서 그 날 밤에, 그젯밤이올시다. 그젯밤이 아니라 어제 아침이올시다. 요새 저는 정신이 하나도 없어요. 그래, 밤에는 들어와서 반찬 없다고 밥도 안 먹고, 곤해서 쓰러져 자길래 말을 못하고, 어제 아침에야 그 이야기를 했지요. 그랬더니 '내가 아나, 임자 마음대로 하게그려.' 그러고 일어서 지게를 지고 나가 버리겠지요. 그러고는 저 혼자서 이리저리 생각을 해 보았지요. 아무려나 제 자식을 남을 주고 싶지는 않지만 어떻게 합니까. 아씨 아시듯이 이제 새끼가 또 하나 생깁니다그려. 지금도 어려운데 어떻게 둘씩 셋씩 기릅니까. 그래서 차마 발길이 안 나가는 것을 오정때가 되어서 데리고 갔지요. 짐승 같은 계집애는 아무런 것도 모르고 따라나서요. 앞서 가는 것을 뒤로 보면서 생각을 하니까 어째 마음이 아되었어요."

하면서 어멈은 울먹울먹한다. 눈물이 핑 돈다.

"그런 것을 데리고 갔더니 참말 알지 못하는 마누라님이 앉아 계셔요. 그 마누라가 이걸 호떡이라 군밤이라 감이라 먹을 것을 사다 주면서, '나하고 우리 집에 가 살자. 이쁜 옷도 해 주고 맛난 밥도 먹고, 좋지? 나하고 가자, 가자.' 하시니까 이것은 먹기에 미쳐서 대답도 아니하고 앉았어요."

이 말을 들을 때에 나는 그 계집애가 우리 마루 끝에 서서 우리 집 어린애가 감 먹는 것을 바라보다가, 내버린 감꼭지를 쳐다보면서 집어 가지고 나가던 것이 생각났다.

어멈은 다시 이야기를 이어,

"그래, 제가 어쩌나 볼려고, '그럼 너 저 마님 따라가 살련? 나는 집에 갈터이니.' 했더니 저는 본체만체하고 머리를 끄덕끄덕해요. 그래도 미심*해서 '정말 갈 테야? 가서 울지 않을 테야?' 하니깐 저를 한번 힐끗 노려보더니, '그래, 걱정 말고 가요.' 하겠지요. 하도 어이가 없어서 내버리고 집으로 돌아왔지요. 그리고 돌아와서 저 혼자 가만히 생각하니까, 아범이 또 무어라고 할는지 몰라 어째 안 되겠어요.

---

* 미심(未審) (일이 확실하지 않아) 마음을 놓을 수 없음.

그래, 바삐 아범이 일하러 댕기는 데를 찾아갔지요. 한 번 보기나 하랄려고, 염춘교 다리로, 남대문통으로 아무리 찾아야 있어야지요. 몇 시간을 애써 찾아댕기다가 할 수 없이 그 댁으로 도루 갔지요. 갔더니 계집애도, 그 마누라도 벌써 떠나가 버렸겠지요. 그 댁 마님 말씀이 저녁 여섯 시 차에 광핸지 광한지로 떠났다고 하셔요. 가시면서 보고 싶으면 설 때에나 와 보고, 와 살려면 농사짓고 살라고 하셨대요. 그래 하는 수가 있습니까 그냥 돌아왔지요. 와서 아무 생각이 없어서 아범 저녁 지어줄 생각도 아니하고 공연히 밖에 나가서 왔다갔다 돌아댕기다가 그 말을 했더니, 아무 말도 아니하고 그렇게 통곡을 했답니다. 여북하면* 제 자식을 꿈에도 보두 못하던 사람에게 주겠어요. 할 수가 없어서 그렇지요. 집에 두구 굶기는 것보다 나을까 해서 그랬지요. 아범이 본래는 저렇게는 못살지는 않았답니다. 저희 아버지 살았을 때는 벼 백 섬이나 하고, 삼 형제가 양평 시골서 남부럽지 않게 살았답니다. 이름들도 모두 좋지요. 맏형은 '장자' 요, 둘째는 '거부' 요, 아범이 셋짼데 '화수분' 이랍니다. 그런 것이 제가 간 후부터 시아버님이 돌아가시고 그리고 맏아들이 죽고 농사 밑천인 소 한마리를 도적맞고 하더니, 차차 못할게 되기 시작해서 종내 저렇게 거지가 되었답니다. 지금도 시골 큰댁엘 가면 굶지나 아니할 것을 부끄럽다고 저러고 있지요. 사내 못생긴 건 할 수가 없어요."

우리는 이제야 비로소 아범이 어제 울던 까닭을 알았고, 이 때에 나는 비로소 아범의 이름이 '화수분' 인 것을 알았고, 양평 사람인 줄도 알았다.

4

---

* 여북하면 오죽하면.

그런 지 며칠이 지난 어느 날 아침이다. 화수분은 새 옷을 입고 갓을 쓰고, 길 떠날 행장을 차리고 안으로 들어온다.

그것을 보니까 지난밤에 아내에게서 들은 말이 생각난다. 양평에 있는 형 거부가 일하다가 발을 다쳐서 일을 못하고 누웠기 때문에, 가뜩이나 흉년인데다가 일을 못해서 모두 굶어 죽을 지경이니, 아범을 오라고 하니 가 봐야 하겠다는 말을 듣고, 나는 '가 봐야겠군.' 하니까, 아내는 '김장이나 해 놓고 가야 할 터인데.' 하기에, '글쎄, 그럼 그렇게 이르지.' 한 일이 있었다.

아범은 뜰에서 허리를 한 번 굽히고 말한다.

"나리, 댕겨오겠습니다. 제 형이 일하다가 도끼로 발을 찍어서 일을 못하고 누웠다니까 가 봐야겠습니다. 가서 추수나 해 주고는 곧 오겠습니다. 거저 나리 댁만 믿고 갑니다."

나는 어떻게 대답했으면 좋을지 몰라서,

"잘 댕겨오게."

하였다.

아범은 다시 한 번 절을 하고,

"안녕히 계십시요."

하면서 돌아서 나갔다.

"저렇게 내버리고 가면 어떡합니까? 우리도 살기 어려운데 어떻게 불때 주고, 먹이고, 입히고 할 테요? 그렇게 곧 오겠소?"

이렇게 걱정하는 아내의 말을 듣고 나는 바삐 나가서 화수분을 불러서,

"곧 댕겨오게, 겨울을 나서는 안 되네."

하였다.

"암, 곧 댕겨옵지요."

화수분은 뒤를 돌아보고 이렇게 대답을 하고 달아난다.

화수분은 간 지 일 주일이 되고 열흘이 되고 보름이 지나도 아니 온다. 어멈은 아범이 추수해서 쌀말이나 가지고 돌아오기를 밤낮 기다려도 종내 오지 아니하였다. 김장 때가 다 지나고 입동이 지나고 정말 추운 겨울이 되었다. 하루 저녁은 바람이 몹시 불고, 그 이튿날 새벽에는 하얀 눈이 펑펑 내려 쌓았다. 아침에 어멈이 들어와서 화수분의 동네 이름과 번지 쓴 종잇조각을 내놓으면서, 오지 않으면 제가 가겠다고 편지를 써 달라고 하기에 곧 써서 부쳐까지 주었다.

그 다음 날부터는 며칠 동안 날이 풀려서 꽤 따뜻하였다. 그래도 화수분의 소식은 없다. 어멈은 본래 어린애가 딸려서 일을 잘 못하는데다가, 다릿병이 있어 다리를 잘 못 쓰고, 더구나 며칠 전에 손가락을 다쳐서 일을 하지 못하는 것을 퍽 미안하게 생각한다.

그리고 추운 겨울에 혼자 살아갈 길이 막연하여, 종내 아범을 따라 시골로 가기로 결심을 한 모양이다.

"아씨, 그만 시골로 가겠습니다."

"몇 리나 되나?"

"몇 린지 사나이들은 일찍 떠나면 하루에 간다고 해두, 저는 이틀에나 겨우 갈걸요."

"혼자 가겠나?"

"물어 가면 가기야 가지요."

아내와 이런 문답이 있은 다음 날, 아침 바람이 몹시 불고 추운 날 아침에 어멈은 어린것을 업고 돌아볼 것도 없는 행랑방*을 한 번 돌아보면서 아창아창 떠나갔다.

---

*행랑방 사랑채에 달린 하인들이나 객이 쓰는 방.

그 날 밤에도 몹시 추웠다. 우리는 문을 꼭꼭 닫고 문틈을 헝겊으로 막고 이불을 둘씩 덮고 꼭꼭 붙어서 일찍 잤다. 나는 자면서 잘 갔나, 얼어 죽지 않았나 하는 생각이 났다. 화수분도 가고, 어멈도 하나 남은 어린것을 업고 간 뒤에는 대문간은 깨끗해지고 시꺼먼 행랑방 방문은 닫혀 있었다. 그리고 우리 집에는 다시 행랑 사람도 안 들이고 식모도 아니 두었다. 그래서 몹시 추운 날, 아내는 손수 어린것을 등에 지고 이웃집의 우물에 가서 배추와 무를 씻어서 김장을 대강 하였다. 아내는 혼자서 김장을 하면서 눈물을 흘리고 어멈 생각을 하였다.

6

김장을 다마친 어떤 날, 추위가 풀려서 따뜻한 날 오후에, 동대문 밖에 출가해 사는 동생 S가 오래간만에 놀러 왔다. S에게 비로소 화수분의 소식을 듣고 우리는 놀랐다. 그들은 본래 S의 시댁에서 천거해 보낸 것이다. 그 소식은 대강 이렇다.

화수분이 시골 간 후에, 형 거부는 꼼짝 못하고 누워 있기 때문에, 형 대신 겸 두 사람의 일을 하다가 몸이 지쳐 몸살이 나서 넘어졌다. 열이 몹시 나서 정신없이 앓았다. 정신없이 앓으면서도 귀동이(서울서 강화 사람에게 준 큰 계집애.)를 부르고 늘 울었다.

"귀동아, 귀동아, 어델 갔니? 잘있니……."

그러다가 흐득흐득 느끼면서,

"그렇게 먹고 싶어하는 사탕 한 알 못 사 주고 연시 한 개 못 사 주고……."

하고 소리를 내어 어이어이 운다. 그럴 때에 어멈의 편지가 왔다. 뒷집 기와집 진 사댁 서방님이 읽어 주는 편지 사연을 듣고,

"아이구 옥분아(작은 계집애 이름), 옥분이 에미!"

하고 또 어이어이 운다. 울다가 펄떡 일어나서 서울서 넝마*전에서 사 입고 간 새 옷을 입고 갓을 썼다. 집안 사람들이 굳이 말리는 것을 뿌리 치고 화수분은 서울을 향하여 어멈을 데리러 떠났다. 싸리문 밖에를 나 가 화수분은 나는 듯이 달렸다.

화수분은 양평서 오정이 거의 되어서 떠나서, 해가 질 즈음해서 백리 를 거의 와서 어떤 높은 고개를 올라섰다. 칼날 같은 바람이 뺨을 친다. 그는 고개를 숙여 앞을 내려다보다가, 소나무 밑에 희끄무레한 사람의 모양을 보았다. 그 곳에 곧 달려가 보았다. 가본즉 그것은 옥분과 그의 어머니다.

나무 밑 눈 위에 나뭇가지를 깔고, 어린것 업는 헌 누더기를 쓰고 한

* 넝마 오래되고 헐어서 입지 못하게 된 옷가지.

끝으로 어린것을 꼭 안아 가지고 웅크리고 떨고 있다. 화수분은 확 달려들어 안았다. 어멈은 눈은 떴으나 말을 못한다. 화수분도 말을 못한다. 어린것을 가운데 두고 그냥 껴안고 밤을 지낸 모양이다.

이튿날 아침에 나무 장사가 지나다가, 그 고개에 젊은 남녀의 껴안은 시체와, 그 가운데 아직 막 자다 깨인 어린애가 등에 따뜻한 햇볕을 받고 앉아서, 시체를 툭툭 치고 있는 것을 발견하여 어린것만 소에 싣고 갔다.

천치? 천재?

1

나는 성년도 되기 전부터 못해 본 것이 없이 별것을 다 하였나이다. 어려서는 물론 학교도 다녔지요. 그리고는 주사(관리)도 하였나이다. 예수 믿고 전도도 하였나이다. 어떤 회사에 가서 사무원 노릇도 하였나이다. 그뿐이겠어요? 어떤 친구와 작반해서 오입쟁이 노릇도 하였고, 아주 떨어져서 엿장사도 해 보았나이다. 또 밥 객주도 해 보다가 교사 노릇도 하였나이다. 뛰어서 일본 유학생 노릇도 하였나이다. 촌에 가서 농군 노릇도 하였나이다. 네 —— 한때는 열렬한 애국자가 되어서 북간도, 서간도로 다니면서 독립 운동도 하였지요. 어떤 때는 광객 노릇도 하였나이다.

그러다가 어떻게 되어 나는 세 번째 소학교 교사 노릇을 하게 되었나이다. 나는 평생 교사 노릇은 끔찍이 싫어하였고, 더구나 소학교 교사 노릇은 죽어도 아니하려고 하였나이다. 소학 훈장의 똥은 개도 안 먹는다는 속담도 있거니와, 실상 소학교 교사 노릇이야말로 사람은 못할 노릇이외다. 더구나 혈기 있는 청년은 참말 못할 노릇이외다. 내가 이전에 별노릇을 다 해보았으나, 소학교 교사같이 못할 노릇은 없더이다. 그러므로 나는 '세상에 노릇이 많은 가운데 훈장 노릇이 가장 어렵다.' 하는 정의를 내리고, 저 혼자 늘 그 생각을 하고 있나이다.

내가 세 번째 갔던 학교는 평안도 중화군 서면에 있는 득영 학교이었나이다. 그렇게 싫어하고, 그렇게 못할 소학교 교사 노릇을 겨우 십이 원 월급에 팔려서 세 번째나 다시 하게 된 것은 정말 형편이 할 수 없어서 그런 것이지요. 늙은 어머니와 자식들과 살아갈 도리가 없고, 아주 궁해져서 교사 노릇 자리를 얻어 간 것이지요.

득영 학교는 중화 서면에서 꽤 세력 있는 박씨 일문이 사는 촌중에 세운 것이었습니다.

교실은 본래 서당으로 쓰던 기와집인데, 동리 뒷산등에 들썩하게 지은 것인 고로, 그 근처 한 수십 리 안에서는 어디서 보든지 우뚝 솟은 득영학교가 눈에 얼른 띄나이다.

내가 맨 처음 교사로 고빙되어 봇짐을 지고 득영학교를 찾아오다가, 멀리서 보이는 회칠한 기와집을 보고 벌써 저것이 학교로구나, 짐작이 될 때에 여러 가지로 상상을 했지요. —— 저 학교에는 학생이 몇이나 될까? 저 학교에는 나같이 할 수 없이 되어 마지막 수단으로 몇 푼 월급에 팔려서 왔던 속 썩어진 훈장이 몇 놈이나 될까? 그래도 그 가운데도 제법 교육의 사명을 깨닫고 왔던 사람이 있을까? 무얼 있을라고……. 훈장 노릇! 에구, 또 해? 이전에 씩씩하던 생각이 나서 이마를 찌푸렸습니다.

저 학교 생도가 적어도 열다섯 명은 되겠지, 그 가운데 꽤 재간이 있는 천재도 있으렷다. 못나디못난 천치도 있으렷다.

또는 흉악한 불량아도 있으렷다. 손을 댈 수가 없이 사나운 아이가 있어서, 내 말을 안 듣고 속을 썩이면 어떡하나 —— 걱정도 해 보았습니다.—— 아니다. 내가 잘못하면 불량아를 만들어 놓기도 하고, 잘하면 천재나 훌륭한 인재를 만들어 놓을 수도 있고, 불량아가 변해서 우량아가 되도록 할 수도 있다. 옛날부터 농촌에서 시인·문사가 많이 나고, 위인·걸사가 많이 났다더다. 이런 생각을 하니까, 책임감으로 갑자기 짐이 무거워짐을 깨달았습니다. 나는 문득 얼굴이 확확 달아짐을 깨달았습니다. 나는 평시에 교육학은 한 페이지도 공부해 보지 못했습니다. 물론 아동 심리학 같은 것은 구경도 못했습니다. 아이들의 성격과 개성을 가려 볼 만한 총명한 눈도 가지지 못하였습니다. 나는 다만 일찍 우리 아버지 덕에 쉬운 일어와 산술을 좀(겨우 분수까지) 배웠을 따름이외다. 이것을 본전 삼고, 남의 귀한 자제를 맡아 가르치려고, 아니 돈 십이 원을 거저 먹으려고, 남이 땀흘려 농사지은 곡식을 편안히 앉아서 먹으러 간다고 생각을 하니, 부끄럽기가 끝이 없는 것을 염치없이 그 날 저녁 여덟 시에 교감 댁을 찾아 들어갔습니다. 박 교감의 인도로 학교로 올라갔습니다. 저녁은 교감의 집에서 얻어먹었습니다. 밥은 교감의 집에서 먹고, 거처는 학교에서 하기로 하였습니다.

교감이 팔십 원이나 들여 수리를 해서, 이제는 훌륭한 학교가 되었다고 자랑을 하는 교실은, 밤이면 교사가 거처하는 방까지 합하여 두칸 반이요, 깨진 유리창 한 개가 달린 것이 가장 신식이더이다.

교감이 내려간 후에 혼자서 자려니까 미상불 좀 무서운 생각이 나더이다. 나보다 먼저 왔던 선생이 혼자 자다가 승냥이한테 물려 가지나 아니하였나, 혹은 이 빈 칸 방에서 밤에 대들보에 목을 매고 죽지나 아니하였나, 목매 죽은 귀신이 퍽 무섭다는데……. 교감이라는 영감이 벌써 얼른 보기에 천하 깍쟁이 같더라. 꼭 괭이 수염같이 노오란 것이 몇 오라기가 까부러진 매부리코 밑에 밭디밭은 입술 위에 빳빳 뻗치고, 눈은 연해 햄금햄금하고, 공연히 헛기침을 자주 하는 것은 아무가 보아도 깍쟁이라고 아니할 수 없다……. 나는 처음 보고 이내, 네가 아전 노릇으로 늙어서 털이 노래졌구나, 하였습니다. 이 동리 양반(?)들은 모두

다 몹시 교만하다는 말과 교사를 거지같이 여겨 괄시한다는 말을 들었습니다. 아이들까지도 그 감화를 받아서 교사 따위는 우습게 알고, 제법 업신여긴다는 말과, 학교가 겨울에는 지독히 춥다는 말도 듣고 왔습니다.

그래서 나는 분명히 분명히 목매 죽거나 얼어 죽은 놈이 있으리라고 생각하였습니다. 얼어 죽은 놈은 반드시 있으리라고 하였습니다. 당장 숭글숭글 터진 담 틈으로는 하늘의 별이 보이고, 산산한 가을 바람이 솔솔 불어 들어오더이다. 목매 죽은 귀신이 오면 어떡하나, 금년 겨울에 얼어 죽지나 않을까 별생각을 다 하고, 나같이 못난 놈을 하늘같이 믿고 있는 우리 어머님과 동생들 생각을 하다가 모르는 새에 잠이 들었습니다.

다음 날 오후에 나는 컴컴한 방 안에 있기가 싫어서 혼자 뒷산으로 올라갔습니다.

가을 하늘이 마치 잔잔한 호수같이 맑고, 넘어가던 석양빛은 먼 산 가까운 촌을 자홍색으로 물들여 놓았더이다. 나는 산꼭대기까지 올라가서 아랫동네를 내려보다가, 저 —— 건너편 읍내에 대문은 기울어지고 저문 햇빛에 목욕시키는 향교를 보고 감개한 느낌을 못 이겨하는데, 내 발 밑에서 '서산님!' 하는 소리가 들리더이다. 나는 깜짝 놀라서 굽어본 즉 어디서 잠깐 본 듯한 아이가 숨이 헐떡헐떡하면서 나를 쳐다보고 있더이다. 얼굴은 둥그렇고 머얼건데, 눈에 흰자위가 많고 빙글빙글 웃는것이 어째 수상하게 보이더이다. 그 웃음은 나를 반기는 것인지, 너는 또 무얼 하러 왔니? 하고 성가신 물건이라는 표정인지 알 수 없는 이상한 웃음이더이다.

밥 먹으래! 하는 말에 웃음을 참지 못하였으나, 그 애가 박 교감 집 아이인 줄은 얼른 짐작했습니다. 나는, 오냐 가자 하고 내려가면서, 네 이름이 무어냐? 하고 물었습니다. 칠성이, 그것이 그 대답이었습니다. 머리를 한 번 끄덕하더니 다시 흔들고는 입을 벌리고 나를 쳐다보더이다. 나는 속으로 짐작되는 것이 있어서 다시 더 묻지 아니하고 그 손을 잡고 슬금슬금 내려갔습니다.

내려가면서, 나이는 몇 살이냐? 물은즉, 얼굴이 갑자기 이상해지면서 대답을 아니하기에 다시 한 번 물었습니다. 그 때에야 입술을 쫑긋 쫑긋 하더니,

"응 —— 열세 나서."

이상한 소리를 지르겠지요. 나는 다정하게 말을 이어 물었습니다.

"너 학교에 다니니?"

"응"

"몇 년급이냐?"

이 말에는 대답을 아니하고 히히 웃더니, 내 손을 뿌리치고 갑자기 큰 소리를 내서, '학도야 학도야 청년 학도야' 노래를 부르고 먼저 막 달아나더니 보이지 아니합니다.

내가 장차 가르칠 득영 학교 학생으로 처음 만난 것이, 이 이상한 아이 칠성이었습니다. 나는 하도 우습기도 하고 이상해서, 이리저리 생각을 하면서 천천히 박 교감 집으로 내려가 저녁을 먹었습니다.

2

내려가서 알아보니까, 칠성이는 박 교감의 누이 되는 과부의 아들이라 합니다.

이튿날 아침에 밥을 먹는데, 지난 저녁에 나를 부르러 와서 만났던 칠성이가 방문 밖에서 나를 보고, 반가운 듯이 벌쭉벌쭉 웃으며 문지방을 손톱으로 뜯고 서 있더이다.

"칠성이냐, 밥 먹었니?"

나도 반가워서 말을 붙였으나, 아무 대답도 아니하고 그냥 웃기만 하더이다.

나는 이리저리 주의도 하고 말을 들어서, 하루 이틀 지내는 새에 칠성이의 사정을 대강 알게 되었습니다.

그 칠성이의 성은 정씨인데, 본시부터 좀 부족하게 태어났다 합니다. 말하자면 천치지요. 그 모친은 청춘에 그 남편을 잃고 본가로 돌아와서, 칠성이와 그 위로 열여섯 살 된 딸 하나와 두 아이를 데리고, 그 오라버니 박 교감을 의지하고 한 집에 같이 사는 것이었습니다.

박 교감도 처음에는 천치란 것을 감추고 있더니, 하루는 종내 그 생질이 천치인 것을 말하고, 가르쳐야 쓸데없어 단념을 하였다는 말을 들었습니다.

박 교감의 말을 들은 즉, 그 매부되는 사람이 본래는 그 집이 읍내에 갑부로서, 열두 살에 혼인을 했는데, 그 때부터 몹시 잡기를 좋아해서 며칠씩 밤을 새워 가면서 투전을 하는 것이 보통이요, 그 어머니는 마음이 약해서 번번이 돈을 당해 주는데, 그것을 그 부친이 알면 벼락같이 노해서 야단을 하기 때문에, 자기 누이는 출가한 후로 하루도 옷 벗고 편안히 잠을 자 본 일이 없었다고 합니다.

그러나 매부는 차차 술먹기를 배워서 나중에는 아주 큰 술꾼이 돼 버려서, 술을 잔뜩 먹고 들어와서는 돈 내라고 야단하여 무죄한 그 아내를 함부로 꼬집고 때리니, 그 누이는 청춘 시절은 장 눈물로 보낼 수밖에 없었다고 합니다. 나중에는 계집질까지 하고 돌아다니다가, 또 종내 아편침을 맞기 시작해서 아편 중독자가 되고, 주색의 여독으로 무서운 병이 들어서 고생을 하다가 죽었다고 합니다. 아버지도 술을 몹시 먹었는데, 젊어서 죽고, 칠성이의 아버지도 부친이 그 뒤를 그대로 따른 모양이외다.

박 교감에게 이런 말을 들은 뒤에 한 주일 지난 일요일날인데, 나는 갑갑해서 박 교감하고 이야기나 하려고 오후에, 저녁때는 아직 이르나, 슬금슬금 내려갔습니다.

박 교감은 없고 한 삼십 될락말락한 아직 젊은 부인이 안으로 향한 문을 열더니 밥상을 들고 들어오더이다. 나는 얼른 칠성이의 어머닌 줄 알았습니다.

나는 젊은 부인이 밥상을 가지고 들어오는 것이 황송하기도 하려니와, 수줍은 생각에 그 얼굴을 바로 보지는 못하였습니다. 그는 무슨 말을 할 듯 말 듯 하다가 머리를 숙이고 그냥 나가 버렸습니다.

내가 밥을 다 먹고 나니까, 칠성이의 어머니가 다시 들어오더니 이번에는 문 안에 앉더이다. 머리를 숙이고 한참이나 있더니 말을 꺼내더이다.

"선산님."

"네."

하고 나는 공손히 대답하였습니다. 부인은 그 아래를 이어,

"이렇게 말씀드리기는 어려워도……."

하고, 또 말을 그치더니, 조금 있다가,

"저것을 하나 믿고 사는데, 암만 일러도 하라는 공부는 아니하고 장난만 합네다가레. 공부를 할래두 배와 주는 것을 암만 해도 깨드지를 못해요. 그래서 선산님들이 내종엔 화가 나서 내던지군 합네다가레. 저걸 어띠합네까."

부인은 옷고름으로 눈물을 씻으면서 말을 이어,

"선산님이 저걸 어떻게 좀 가라쳐서 사람을 맨들어 주시……."

말을 마치지 못하더이다. 나는 잠시 대답을 못하고 앉았다가,

"네 —— 걱정 마십시요. 내 기어이 가르쳐 놓지요."

나는 대답할 수밖에 없었지요.

"기애가……."

하고 부인이 다시 말을 꺼냅니다.

"장난을 해도 별하게 해요. 무엇이든지 눈에 보이는 대로 깨뜨리고 찢고 뜯어 놓아요. 그래서 저의 외삼춘한테 늘 매를 맞군 합네다가레. 또 어떤 때는 무엇을 제법 만들어 놓아요. 한번은 칼을 가지고 무엇을 자꾸 깎더니 총을 맨들었는데 모양은 제법 되었어요. 또 한번은 무자위래는 것을 맨드누라고 눈만 뜨면 부슬부슬 애를 쓸데다가레. 남들은 공부하는데 공부는 아니하고 장난만 하는 것이 너머 송화가 나서, 하루는 밤에 그것을 감초았디요. 그랬더니 아침에 그것을 찾다가 없으니까 밥도 안 먹고 자꾸 울어요. 그래서 하는 수 없이 도루 내주었디요. 그리구 또 별한 버릇이 있어요. 무엇이든지 네모난 함이나 곽이 있으면 그것은 한사하고 모아들였다가 방에 그득하게 쌓아 놓아요."

나는 이 말을 듣고 비로소 칠성이의 뒷덜미가 쑥 나온 것을 생각하고, 평범한 아이가 아닌 줄을 알았습니다. 부인은 젊은 사나이 혼자 있는 데 들어와서 길게 이야기한 것이 부끄러운 생각이 났던지, 얼굴이 버얼개서 일어서 밥상을 들고 나가는데, 오래 갖은 고생을 겪은 흔적이 얼굴에 분명히 드러나 보이더이다.

그러나 귀 밑에 조금 나온 그 옻칠한 듯한 머리털이며, 그 맑은 눈과 붉은 입술은 오히려 청춘을 못 잊어 하는 빛이 보이며, 처녀 때, 아씨 때에 동리 젊은이의 속을 태우던 한때는 부잣집 며느리였다는 모양이 넉넉히 드러나더이다.

3

나는 그 어머니가 눈물을 흘리면서 부탁하던 말을 들은 뒤에는, 특별히 힘을 써서 칠성이를 가르치려고 하였습니다. 내게 있는 온갖 지식을 쥐어짜고, 할 수 있는 데까지 시간을 바쳐서 살살 달래 가면서 가르쳤습니다.

나는 혼자 갑갑하기도 하려니와, 칠성이가 너무 불쌍해서 매일 산보를 할 적마다 늘 손목을 잡고 다니면서, 정다운 말로 이야기를 해 주고 한 번도 책망을 하지 아니하니까, 다른 사람은 다 무서워 흠칠흠칠 하건마는, 나만 보면 늘 싱글싱글 웃고 제 동무같이 알게 되었습니다. 그래서 내 말은 매우 잘 듣게 되었습니다.

그런데 한 번은 내가 어디 갔다가 학교로 올라가서 내 방에 들어가니까, 칠성이가 내 방에 혼자 있더이다. 내가 오는 것을 보고 무엇을 얼른 감추더니 또 싱글싱글 웃더이다.

"너 무엇을 감추니? 나 좀 보자꾼."

웃으면서 이렇게 달랬습니다. 칠성이는 자리 밑에 감추었던 것을 꺼내면서,

"이거야, 누수필이야."

내게 만일 재산이 있다고 하면 오직 하나의 재산일 뿐 아니라, 내가 끔찍이 귀애하는 만년필 —— 내가 동경 가서 대학 XX과를 졸업할 때에, 내 의동생 누이가 영원히 잊지 말자고 사 보낸 워터맨 만년필은 벌써 원형을 잃어버리고, 다시 소용 못되게 조각조각 해부를 하고, 동강동강 꺾어졌더이다.

나는 하도 기가 막혀서 입맛만 다시고 아무 말도 아니하였습니다. 속으로는 몹시 분하고 성이 나는 것을 억지로 참았습니다.

그 다음 날 나는 웃으면서,

"너 누수필 왜 뜯어서 꺾었니?"

물었습니다.

"꺾어 볼라구, 물감이 왜 자꾸 나오나 볼라구."

이렇게 대답하고 이상스럽게 나를 쳐다보더이다. 그래 나는 할 수 없이 이렇게 말했습니다.

"이담에는 무엇이든지 나하고 같이 뜯어 보자. 너 혼자 하면 안돼!"

나는 아무에게도 이 말을 하지 아니하였습니다.

그리고 오후에 아이들을 보내고 책을 좀 보다가, 동리로 내려가서 칠성이를 찾으니까 벌써 어디 나가고 없더이다. 혼자서 천천히 동리 밖으로 나갔습니다. 거기는 조그만 개울물이 흘러가는데, 늙은 버드나무가 하나 있었습니다.

늦은 가을 석양이라, 하늘은 맑고 새소리 하나 아니 들리고 사방이 고요한데, 누가 고운 목소리로 창가를 부르는 소리가 들리더이다. 그 소리는 꼭 내가 열일곱 살 된 해 여름에 평양 사랑 고을이라는 데 갔을 때, 옆의 방에서 어떤 어린 여학생의 찬미 소리 같더이다. 그야 말로 옥을 옥판에 굴리는 소리같이 맑고 고운 소리였습니다. 놀랐습니다. 그 소리의 주인이 칠성인 줄을 어찌 알았으리까. 칠성이의 목소리가 그렇게 좋은 줄은 몰랐습니다.

하늘빛, 석양볕, 맑은 개울, 늙은 버드나무, 거기에 천진스러운 소년, 꼭 그림이외다. 소년은 천사외다.

나는 가만가만히 수양버들 옆으로 가까이 가 보았나이다. 칠성이는 모래밭에 펄쩍 주저앉았는데, 마침 떼를 지어 날아가는 기러기를 바라보고 혼자서 흥이 나서 노래를 부르던 것이더이다. 내 눈에는 아무리 하여도 칠성이가 천치같이는 보이지 아니하더이다. 나는 속으로 너는 자연의 아이로구나, 네가 시인이로구나, 하고 한참 생각에 잠겼나이다.

나는 두 번째 놀란 일이 있습니다.

칠성이가 나를 보더니 벌떡 일어나면서,

"선산님!"

부르더이다.

나는 웬일인가 하고 칠성이의 옆으로, 무얼 하고 있니? 물으면서 갔습니다.

"젓지 않고 저 혼자 가는 배를 만들었는데, 가요! 가요!"

입을 벌리고 손뼉을 치면서 뛰놀더이다.

나는 가장 반갑고 기쁜 듯이, 실상은 한 호기심으로 무엇을 가지고 그러는지 보았습니다. 과연 칠성이의 옆에 장난감 같은 조그만 배가 놓여 있더이다. 나는 그 내용을 살펴보려고도 아니하고, 한 번 다시 실험해 보기를 청하였습니다.

칠성이는 자기 배를 가지고, 썩 잘 가는데! 하면서 물가로 가더이다. 돌아서서 잠깐 꾸물꾸물하더니 어느 새 물에 띄었는지 벌써 찌르르 하면서 달아나더이다.

나는 칠성이와 같이 손뼉을 치고 기뻐했습니다. 나중에 보니까 '젓지 않고 가는 배' 의 장치는 양철과 고무줄과 쇠줄 같은 것으로 만든 모양인데, 보자고 하여도 보이지는 아니하더이다. 그래 억지로 보려고도 아니하고 내버려 두었습니다.

4

나는 불쌍한 칠성이를 위하여 힘도 많이 써 보고, 여러 가지로 연구도 많이 해 보았으나, 별로 시원한 결과가 생기지 않고, 칠성이는 여전히 한 알 수 없는 아이였나이다.

그러나 칠성이의 모친은 때때로 나를 보고 아들을 위하여 부탁을 하고, 의복과 음식을 아주 집안 사람같이 친절히 해 주었습니다. 어머니의 말을 들은즉, 박 교감은 분명히 자기의 아들과 누이의 아들을 무엇이나 차별 있게 한다고 하고, 칠성이가 하루에 한 번씩은 으레히 매를 맞는다 합니다.

그럭저럭 하는 새에 겨울이 되고 눈이 오게 되었습니다. 나는 어떤 날 저녁에 책을 보기에 재미가 나서 시간이 좀 늦어서 박 교감 집으로 갔습니다. 갔더니 칠성이가 아침부터 없어졌다고 온 동리를 온통 찾아보고 야단법석이 났습니다.

"아차!"

나는 놀랐습니다.

"선산님. 칠성이가 없어졌어요."

어머니의 호소를 듣고 나는 가슴이 뜨끔했습니다.

무엇으로 대갈빼기를 얻어맞은 것 같이 골이 아팠습니다. 나는 박 교감집 머슴을 하나 데리고, 그 어머니와 같이 등불을 가지고 개울로 나가 보았습니다. 그 모친은 어쩔 줄을 모르고 울면서,

"칠성아! 칠성아!"

부르짖었습니다.

개울에는 아무리 찾아보아야 없더이다. 칠성이가 배를 띄우던 개울물은 여전히 말없이 흘러가지마는, 칠성이의 간 곳은 도무지 알 수 없었습니다. 나는 지난 가을에 칠성이가 모래 위에 앉아서 고운 목소리로 노래를 부르던 생각을 하고, 그 어머니가 칠성아! 칠성아! 아들 찾는 소리가 학교 뒷산에 울리는 처량한 소리를 듣고, 눈물을 아니 흘리지 못했습니다. 나는 저녁도 못 먹고 밤에 잠도 못 자고 칠성이의 일을 곰곰 생각했습니다.

그 이튿날 오후에야 칠성이를 찾았습니다. 찾기는 찾았으나 말 못하고 차디찬 칠성이를 찾았습니다.

이튿날 새벽에 동리 사람이 평양으로 가다가 길가 버드나무 밑에 앉아서 죽은 시체를 발견했다고 합니다. 그것이 박 교감의 조카 칠성인줄 알고, 도로 와서 알려 주어서 사람을 보내 시체를 찾아왔다고 합니다.

내가 학교에서 내려가니까, 칠성이의 어머니는 시체 위에 엎드려서 아무 정신을 못차리고 흑흑 느끼기만 하다가, 이따금 하는 말은, 죽은 칠성이를 흔들면서,

"칠성아! 칠성아! 일어나 밥 먹어라."

그 어머니는 거의 다 미쳤더이다. 과연 못 볼 것은 외아들 잃어버린 과부의 설워함이더이다.

5

마지막에 내가 아니할 수 없는 것이 있습니다. 꼭 내가 자백하여야 될 일이 있습니다.

칠성이가 없어지기 전날에 학교에서 어떤 큰 학생의 시계가 없어졌습니다. 그래서 나는 학생을 하나씩 불러서 몸을 뒤져 보았습니다. 그 시계가 마침내 칠성이의 몸에서 나왔습니다. 시계는 벌써 다 결딴나 버렸더이다.

나는 칠성이의 버릇을 알면서도, 전에 내 만년필 버린 생각도 다시 나고, 내가 여지껏 애쓴 것이 허사로 돌아간 것이 너무도 분해서, 전후를 생각지 아니하고 채찍으로 함부로 때리기를 몹시 하였습니다. 칠성이가 죽은 이유입니다. 칠성이는 내가 죽인 셈입니다. 칠성은 남이 가진 시계에 욕심을 내어서 훔친 것은 아니외다. 똑딱똑딱 가는 것이 이상해서 깨뜨려 보려고 훔친 것인 줄 확실히 아나이다. 칠성에게는 네 것 내 것이 없나이다. 동무가 가진 시계나 길가에 있는 나뭇개비나 다름이 없었나이다. 내 만년필을 꺾은 것도 그것이외다. 나는 그것을 방해하였나이다. 나뿐 아니라, 자기 주위에 있는 사람은 모두 칠성이의 하는 일을 방해하였습니다. 나도 그 사람 가운데 하나이었습니다. 그런 동네, 그런 세상을 칠성이는 떠났습니다.

그리고 칠성이는 평시에 늘 평양 간다는 말을 하였나이다. 한 번은 혼자서 평양을 다녀왔다고 하더이다. 돈 한 푼 안 가지고 길도 모르고 평양을 간다고 가다가, 날이 저물어 그만 나무 아래서 돌을 베고 잤다는 말을 들었나이다. 이번에도 두 번째 평양을 가다가 추워서 가지 못하고 앉았다가 길가에서 얼어 죽은 것이더이다.

또 한 가지 말할 것은 자기 어머니의 의롱 속에서 칠성이의 글씨를 발견한 것이외다.

'내 맘대루 깨뜨려 보고, 내 맘대루 맨들고, 그러카구 또 고운 곽 많이 얻으라고 페양 간다.'

이런 말을 쓴 것을 나도 보았습니다.

칠성이가 찬바람 몹시 부는 겨울에 버드나무 밑에서 눈 위에 쪼그리고 앉아서, 두 손을 모으고 흐흐 불면서 바들바들 떨다가 죽은 것은, 오직 밤새도록 자지 않고 반짝이던 하늘의 별들이 내려다보았을 줄 아나이다.

가련한 칠성이는 지금 자기 하는 일을 방해하는 어머니도 없고, 자기를 때리는 외삼촌이나 훈장도 없고, 자기를 놀려먹는 동무도 없는 곳으로 —— 저 —— 구름 위로 별 위로 올라가서, 마음대로 하고 싶은 것 하고 편안히 있을까 하나이다.

나는 다시 더 득영 학교에 있기가 싫어서 겨우 사흘을 지내서, 칠성이의 묘를 한 번 찾아보고 봇짐을 꾸려 지고 정처없이 떠났나이다. 이제는 무슨 노릇을 해 먹을지 모르는 길을 떠났나이다.

운명

1

　오동준은 경성 감옥에 들어간 지 벌써 거의 석달이 되었다. 남들은 형이라 아우라 아버지라 아내라 그 가족들이 천 리를 멀다 하지 않고 찾아와서 식사 차입을 한다, 옷을 들인다, 면회를 한다 하는데, 들어온 지 석 달이 되도록 동준을 찾아오는 사람은 하나도 없었다. 무명 옷 한 벌 들여 주는 사람이 없었다. 그 옷에는 흰 쌀알 같은 이가 들끓었다. 그가 바라기는 어떤 친구한테서 엽서 편지라도 받아 보았으면 하는 것이었다. 그러나 그의 바람은 헛되었다. 한 방의 옆엣사람에게는 편지도 오고 책도 들어오고 한복 옷과 내의도 한 달에 몇 번씩 들어오지마는, 동준에게는 올 듯 말 듯 하면서 종내 아무것도 들어오지 않았다.

　동준은 매일 수수밥에 된장국으로 살아가고, 감방 안의 단내와 구린내로 얼굴이 누우래지고 뚱뚱 부어 살이 찐 듯하여서 아주 몰라보게 되었다.

　그러나 그에게는 이것이 그리 심한 고통은 아니었다. 하루 종일 우두커니 앉아서, 눈을 감고 끝없는 공상으로 시간을 보내는 것이 오직 하나의 방법이었다.

그 공상 가운데는 H와 더불어 결혼식을 하고 만주 지방으로, 시베리아로, 톨스토이가 농사짓고 지내던 야스나야폴리야나까지 가 보리라는 계획도 있었다. 그래서 어떤 친구만 들어오면 러시아말 배울 만한 책을 하나 얻어서 들여보내 달라고 하리라 생각했다.

몸과 마음이 몹시 괴로운 때에는 그는 마음껏 재미있는 공상을 하고 있었다.

—— 내가 언제든지 나가는 날이 있으리라. 나가면 그 때는 일본 동경 갔던 H가 나를 찾아보려고 돌아오리라. 아홉 시 몇 분 차가 있지, 차에서 내리거든 내가 몇 해 전에 동경서 처음 사랑하며 지낼 때처럼 막 끌어안고 키스를 하리라. 그러면 그는 너무 반갑기도 하려니와 옛 생각이 나서 울며 내 가슴에 얼굴을 파묻고 쓰러지리라. 그 때 나는 한팔로 그 왼손을 쥐고 한 팔로 그 등을 쓸면서 뜨거운 눈물을 그의 부드러운 목덜미에 뚝뚝 떨어뜨리리라. 그리고 한참 있다가 인력거를 타고 어느 여관으로 들어가서 나는 전신과 몸이 피곤하여 나가 넘어지리라. 그 때에 H는 얼른 내 옆에 와서 펄썩 주저앉고 내 머리를 들어서 자기의 무릎위에다 올려놓으리라.

—— 나는 기운 없이 눈을 떠서 그의 얼굴을 슬쩍 쳐다보리라. 그 때에 두 볼이 발갛고 두 눈이 큼직한 얼굴에 근심 빛이 가득해서 나를 들여다보는 것이 내 눈에 띄리라. 그리고 나는 천천히 입을 열어 지난 얘기를 하리라. H는 이따금 이맛살을 찌푸리고 가만히 앉아서 들으리라. 나는 갑자기 일어나서 밖으로 나가기를 청하리라. H가,

"어려우신데 어디를 나가세요?"

그러면 나는,

"아니, 오래간만에 만났는데 같이 나가 봅시다 그려."

하고 진고개를 나가서 서양 요리집에 들어가리라.

이런 공상을 하고 앉았다가 간수가 누구를 부르는 소리에 깜짝 놀랐다. 삼십여 명 죄수의 주의와 시선은 일시에 한 곳으로 모였다. 그런데 분명히 이천오백 얼마라고 부르는 것 같다. 부르기는 두 사람을 불렀는데 그중 하나는 이천오백인 것이 확실하다.

'나를 부르지 않았나? 왜 불렀나?'

처음에는 반갑더니 금방,

'아이쿠, 또 왜 부르노?' 하는 생각에 그만 가슴이 두근거린다. 다시 부르면 들어 보리라고 간수를 자세히 부며 귀를 기울였다. 간수는 얼굴이 흑인종과 백인종의 반종인지 새까맣고 빼빼 말라서 광대뼈만 두드러지고 빳드락 뻗친 수염과 오똑한 코가 참 무섭게 생겼다. 머리는 희뜩희뜩 샌 것이 여러 해 동안을 간수 생활로 늙은 모양이다. 그는 늘 세상에 가장 장한 것은 관리요, 제일 귀중한 것은 법률이라 생각하고, 사람이 죄를 범하면 마땅히 벌을 받을 것이요, 감옥에 들어온 사람은 모두 죄인이라고 단정하는 사람이다. 그래서 그는 간수 노릇을 이십 년이나 하면서도 죄수의 실수를 한 번도 용서한 일이 없다.

이러한 간수장이 싱긋싱긋 웃으면서 한 손에는 칼을 붙들고 한 손에는 무슨 종잇조각을 가지고 그것을 힐끗힐끗 들여다보면서 다시 두 사람의 이름을 부르고 불기소가 되었으니 나갈 준비를 하라고 한다. 그런데 두 사람 중 하나는 번호가 자기와 거의 같다. 그러나 동준은 아니다.

그는 전부터 있는 신경통과 기침증이 일어나서 한참 동안이나 고통을 받았다. 기침을 한참 하고 난 뒤에는 앉은 두 무릎 위에 두 팔을 기역자롤 꺾어서 뒤로 올려놓고 그 위에 얼굴을 숙여 얹은 채로 한참이나 정신을 못 차렸다. 한 십오 분이나 지난 뒤에야 겨우 머리를 들어 감방 안을 한 번 휘 둘러보았다.

얼굴은 모두 폐결핵 제삼기가 된 사람처럼 누렇고, 입은 해쓱하게 벌리고, 눈은 아무 기운도 없이 멀겋게 뜨고, 나는 죽지 못해 산다는 듯이

앉아 있다. 저 많은 사람들이 모두 다 제각기 무슨 생각을 하고 있으리라, 각각 자기 생각이 제일 가치 있고 가장 긴요한 줄로 알고 자기의 문제가 가장 어려운 문제라고 생각하리라. 또 제각기 제가 제일 심한 고통을 맛보는 줄로 알리라. —— 동준은 이런 생각을 하다가 이마를 찌푸리고 머리를 흔들면서 가늘고 힘있는 소리로, 그렇지만 저희들의 문제가 무엇이 그렇게 대수로울꼬? 저희들 가운데도 나만큼 애타는 사람이 있을까? 이렇게 중얼거리다가 목이 꺾어져 내려지는 것처럼 머리를 털썩 팔 위에 떨어뜨렸다.

두 사람이 불려나간 뒤에는 고요하던 감방 안의 공기가 조금씩 움직여 냄새가 나고 뜨뜻한 바람이 두어 번 일어났다. 동준은 그 바람이나마 좀더 불어오기를 바라면서 기다리고 앉았다. 차차 시원한 바람이 좀 불어올까 하고 요행을 바라면서 기다렸다.

그러나 그런 바람도 다시는 오지 아니하고 공기가 다 없어져 진공이 된 듯이 견딜 수 없이 답답하다. 동준은 말도 못하고 무슨 생각도 못하고 송장처럼 앉았다.

방바닥에서 단김이 물씬물씬 올라온다. 동준은 숨이 탁 막혀서 다시 머리를 기운없이 들었다.

재미있고 즐거운 공상을 해 가면서 스스로 위로를 받으려고 노력하는 동준은, 마치 수목과 잡초가 무성하여 험한 산에서 예쁜 나비를 따라가던 어린애가 갑자기 벼랑에 떨어져 헤매는 것처럼 이제 무슨 초조감과 고통에 들어가기를 시작했다.

동준은 머리를 젖히고 눈을 감았다. 무릎을 베고 쳐다보는 H의 얼굴, 큼직한 두 눈에서 뜨거운 사랑이 흐르던 얼굴을 다시 보려고 아까 하던 공상을 계속하기 위해서 많이 애를 썼지만 종내 실패하고 말았다. 동준의 머리에는 참을 수 없는 고통밖에 아무것도 없다.

한참 있다가 동준은 머리를 한 번 흔들고 전신에 무엇이 찔리는 듯이 몸이 흠칫 떨었다.

—— 어떻게 되었다?

동준은 가만히 소리를 쳤다. 이것은 석 달 동안이나 생각하고 애를 쓰면서 웬일인가 웬일인가 하여 오던 커다란 의문의 해답으로 튀어나온 말이다.

동준은 다시 한 번 머리를 끄덕끄덕하면서,

"어떻게 되었다!"

하였다. 그는 다시 중얼거렸다.

"분명히 어떻게 되었다."

세 번째는 분명히를 넣어서 자기의 판단을 옳다고 단단히 긍정하였다.

"그럼 어떻게 되었나?"

그는 새로운 의문을 발견하였다. 이 의문의 해답은 얼른 얻었다.

"마음이 변하였지, 나를 잊어버렸지, 그리고……."

동준은 차마 그 다음에는 더 생각할 수가 없었다. 아무리 생각하지 않으려고 애를 써도 마음대로 안 되었다.

'다른 사람을 사랑한다.'

그는 입술을 깨물고 속으로 다시 말했다.

이 순간에 몹시 밉고, 무섭고, 그리고 더러운 H의 화상이 나타났다. 그것은 꼭 여성의 사탄이다. 사탄을 그리기에는 가장 적당한 모델이다. 그 화상은 어떻다고 형용할 수 없으나 손과 목에서 황금빛이 찬란한 것은 똑똑히 보였다. 그 얼굴은 몹시 예쁘기도 하면서 또한 흉악하게 미웠다.

"아! 사탄."

그는 소리를 질렀다. 그러나 그 화상은 더 똑똑해지면서 꼼짝도 아니하고 섰다. H는 아무 말도 없이 한참이나 자기를 빤히 쳐다보더니 생긋 웃고 손을 들어 번쩍번쩍하는 손가락을 본다.

동준은 안타까워서 어찌할 바를 몰랐다. 그래서 감은 눈을 다시 한 번 꼭 감았다. 그러나 보기 싫은 화상은 조금 흐려졌을 뿐이요, 없어지지는 않았다. 그냥 서서 자기를 바라보고 있다 이번에는 희미하지만 분명히 어떤 사람과 같이 섰다.

그것은 꼭 남자인 듯싶었다.

"옳다, 다른 남자를 사랑한다!"

이렇게 소리치면서 무심중에 눈을 떴다. 그 앞에는 아무것도 없다. 맞은편에 널쪽으로 한 살창이 보일 뿐이다. 눈을 뜨는 동시에 한숨을 길게 내쉬었다. 몹시 흉한 꿈을 꾸다가 깬 것같이 시원하였다. 그리고 입을 조금 방긋하면서 머리를 흔들었다.

"아니다. 내가 잘못 생각했다. 의심하는 것은 가장 큰 죄다. 의심하여서는 안 되겠다."

이렇게 생각할 때에 또 일어나는 의문은 역시,

"그럼 어떻게 되었나?"

하는 것이다.

"옳다, 병이났다, 대단한 병이 났다, 입원하였다. 아니, 퇴원하여서 고적한 방에 혼자 누워서 눈물을 흘리며 울고 있다. 그렇다! 그렇다! 분명히 그렇다. 벌써 생각을 왜 못했는고? 미스 H 용서하오. 내 죄를 용서하오. 내가 여태껏 당신을 의심하였소. 제발 용서하오."

이렇게 혼자말로 중얼거리고 자기가 의심한 것을 H가 알면 —— 병석에서 신음하는 애인이 —— 그 마음이 어떠할까 하는 생각이 나서 동준은 새로운 고통을 느꼈다. 그 고통은 자기의 사랑이 불철저하고 약한 것을 느껴 스스로 부끄러운 생각이 났던 것이다.

어서 나가서 동경으로 가서 앓는 것을 봐 주어야겠다. 이제는 이것이 유일의 간절한 소원이요, 제일 급한 일이다. 동준이 이제 감옥에서 나가기만 하면 곧 동경을 향해 떠날 것이다. 나는 그래도 행복한 사람이다. 내가 지금은 비록 옥중에서 고생을 하지만 내게는 애인이 있다. 천하 사람을 다 제쳐 놓고 나만을 사랑하는 사람이 있다. 그의 사랑은 완전히 내 것이다. 아니, 그의 전 생명이 내 것이다. 그는 이렇게 생각하다가,

"아, 나는 과연 행복한 사람이다."

하고 중얼 거렸다. 나는 한 생명을 가졌다. 한 사람의 생명을 진정으로 완전히 소유한 것은 전 세계를 소유한 것보다 훨씬 나을 것이다. 돈도 부럽지 않다. 명예도 부럽지 않다. 학문도 부럽지 않다. 세상에는 부러울 것이 아무것도 없다. 나는 가장 귀하고 가장 아름다운 것을 가졌다. 다른 사람들이 졸연히 가지지 못하는 것을, 저마다 가지기 어려운 것을 내가 가졌다. 그러니 내가 장한 사람이다.

그런 생각은 동준이 처음으로 H의 사랑의 받고 처음으로 자기를 사랑한다는 증거를 얻었을 때에 고마움에서 우러나온 것이다.

한 사람의 생명을 얻은 것은 전 세계를 얻은 것보다 낫다는 전무후무한 격언을 자기의 경험으로 얻은 것처럼 말할 기회도 아닌 것을 K라는 친구에게 말한 일이 있었다. 동준은 그 생각이 나서 씩 웃었다.

동준은 오 년 전 일을 회상하였다.

2

동준이 M대학 법과를 졸업하고, 본국에 가야 별로 할 일도 없이 실업자 노릇을 하면서 남에게 웃음을 사는 것보다, 아무런 공부라도 더 하리라고 생각하였다.

동준은 부모가 있기는 있으나 없는 거나 다름없었다. 동준의 성이 참말 오씨인지 동준 자신도 알지 못하였다.그래서 그는 그 부모를 참부모

로 알지 아니한다. 알 수가 없었다.

　동준은 어려서 아내가 있었다. 그러나 그것은 참말 아내가 아니라 처라고 하는 노예이다. 왜냐하면 동준은 아직 양성을 가릴 만한 지각도 나기 전에, 물론 결혼의 가장 큰 목적이요 요소인 —— 적어도 지금 동준이 주장하는 성욕을 알지 못할 때에, 다시 말하면 생식 기능이 아직 발달되지 못하였을 때에 이성에 대한 애정이 생기기 전에, 보지도 못하고 듣지도 못한 처녀 아이를 하나 미래의 동준의 아내라는 이름으로 돈 삼십 원을 주고 사왔던 것이다. 그래서 그런 결혼 안한다고 굳이 우겼지만 할 수가 없었다. 그런즉 동준은 아내가 있어도 없는 거나 다름이 없었다.

　이리하여 동준은 집이 없는 사람이다. 동경 온 지 팔 년이나 되었지만 한 번도 편지가 오고가는 일이 없었고, 집이라고 가 본 일도 없었다. 그래서 칠판 년 동안이나 객지에 나와서 고생을 갖가지 하면서 공부하여 졸업을 하였지만, 그를 위하여 기뻐해 줄 사람이 없었다. 그러니까 동준은 졸업을 했어도 별로 기쁜 마음도 없고, 고국에 돌아가고 싶은 생각도 없었다.

　M대학 졸업 증서를 받아 가지고 돌아온 저녁에 하숙집 이층방에서 혼자 밤새도록 울었다. 그는 울면서 생각하였다.

　'나를 위하여 기뻐할 자는 나요, 나를 위하여 슬퍼할 자도 나다! 나다, 나밖에 없다. 나는 나를 위하여 살아야겠다.'

　제 손으로 눈물을 씻고 앞으로 할 일을 생가가했다.

　이리하여 동준은 극단의 개인주의자가 되었다. 동준은 아무도 돌아볼 사람이 없는 제 몸을 위하여 부지런히 공부하였다. 그는 독학으로 영어를 공부하여, 당시 유학생계에 한 사람도 영어 하는 사람이 없는 가운데서 웬만한 원서도 보게 되고 회화도 하게 되었다. 그는 별로 통정할 만한 친구도 없었다. 집에 있을 때에도 혼자 있었고 산보를 해도 늘 혼자 했다.

그러다가 동준은 우연히 H를 만났다. 처음 만난 것은 분명히 오 년전 사월 십오일 저녁이었다.

세 번째 만난 날이다. 동준이 열심히 영어를 설명하는데, H는 설명하는 말은 듣지 않고 동준의 얼굴만 쳐다보다가,

"선생님! 저는 일평생 선생님을 섬기겠어요."

하였다. 동준은 눈이 둥그레져서,

"왜요?"

H는 두뺨이 새빨개졌다. 그 눈에는 애원하는 듯한 빛이 보였다. 그리고 대답할 바를 몰라서 쩔쩔맸다.

"영어가 퍽 어렵다는데요!"

이것은 한참 있다가 겨우 나온 말이다. 그리고는 머리를 수그리고 책만 들여다보았다. 동준은 설명을 그치고 H의 머리와 한편 뺨과 방바닥에 닿은 한쪽 손을 번갈아 무의식적으로 쳐다보고 있었다.

H의 머리는 가운데로 갈라서 뒤로 쪽을 찌듯 했는데 이마에 늘어진 두어 오라기 머리카락이 눈을 가리는 것을 H는 연해 치켜올리고 있었다. 주근깨가 드문드문 있는 뺨은 거무튀튀한 붉은 빛이 도는 것이 몹시 예뻤다. 길고도 가늘고 살이 포동포도한 손가락은 투명해서 꿰보일 듯한데 장손가락을 움짓움짓 하고 있었다.

동준은 자기의 대답이 너무 무미하고 무례하게 된 것을 후회하였다. 그리고 몹시 미안하게 생각하였다.

"어렵기는 어렵지만 부지런히 하시면 되지요. 저는 지금 좀 아는 것이 혼자 배운것인데요, 선생 없이도 할 수 있었어요."

이렇게 말하여 놓고는 처음에 한 말 대답까지 되었을까 생각하였다. 되긴 되었지만 또 싱겁게 되었군, 속으로 생각하고 부끄러워하였다.

동준은 설명하던 것을 마저 마쳤다. 그리고 가려고 일어섰다. H는

깜짝 놀란 듯이,

　"왜 가셔요?"

하고 동준을 쳐다보았다.

　"조금만 더 앉았다가 가셔요."

　"가야지요."

　"앉아 말씀이나 하다 가시지요."

　동준은 겨우 한 삼십 분 앉았다가 돌아왔다. 이 때 알기 어려운 H의 나이도 알았다. 더 알기 어려운 H의 마음도 대강 짐작하였다.

　이튿날 동준은 또 갔다.

　비가 부슬부슬 오고 사방이 고요하였다. 동준은 그 동안 자기가 공부한 이야기를 했다. 남의 도움으로 공부하면서 온갖 고생을 맛본 얘기며, 한때는 사상 문제, 인생 문제로 몹시 고민한 이야기며, 자기는 집이 없다는 말도 하고, 소년 시대의 단편적 기억을 얘기기하다가 그의 어조는 차차 감상적이 되어 가다가 그는 갑자기 말을 그치고 두 사람은 잠시 동안 깊은 침묵에 잠겼다. 그 때 다다미(일본식 방에 까는 두툼한 깔개) 위에 극히 적은 것이 떨어지는 둔한 소리가 들렸다.

　그것은 동준의 말을 듣다가 감격해서 떨어지는 H의 눈물이었다.

　'선생님은 혹 생각 못하셨는지 모르지만 그 때부터 저는 선생님을 사랑하기 시작했습니다. 용서하십시오.'

　이런 구절이 그 후에 받은 편지 가운데 있었다.

　이리하여 동준은 H라는 애인을 얻었다. H는 동준의 것이 되고 동준은 H의 것이 되었다.

　그 다음 해 여름에 오구보의 어떤 집에서 한 달 동안 같이 있던 생각도 하였다. 그리고 한번은 저녁에 H와 그친구 M이 같이 있을 때 찾아갔다. 동준이 몹시 충격을 받아서 달아날 때에 H가 따라나와서 오구보 들판 풀밭에 엎드려 동준을 쓸어안고 흑흑 느끼면서 울었다. 동준은 그것을 뿌리치고 가다가 우두커니 서서 기다렸다. H는 또 따라왔다. 두 사람은 컴컴한 수림 속에서 만났다. 두 사람의 그림자가 합하여 한참이나 하나가 되어 있었다. H와 자기의 심장 뛰는 소리만 심하게 들렸다.

3

먼 데서부터 구두 소리가 뚜벅뚜벅 났다가 멎고 덜컹덜컹 옥문 여는 소리가 들렸다. 동준의 머리에 거침없이 나타나는 필름은 끊어지고 깜깜하여졌다. 네 사람이 간수 뒤를 따라나갔다. 면회하러 나가는 모양이었다.

석양이 되었다. 그러나 찌는 듯한 더위는 조금도 가시지 않고 도리어 더 덥다. 하루 종일 삶아 놓은 공기가 음울하고 게다가 날이 음침해서 안타까워 견딜 수 없게 물컸다.

오늘 하루 해가 다 갔지만 동준을 면회하러 오는 사람은 하나도 없다. 그러나 동준은 그것을 별로 슬프게도 생각지 않고 그다지 원통하게 여기지도 않는다. 옥중의 하루에서 그 시간이 몹시 길기도 하려니와 일 년 중 제일 해가 길다고 하는 칠팔월에 하루 종일 우두커니 앉아서 더위와 곤고와 싸워 가면서 지내는 것이 과연 어렵지 아니하다고 할 수 없다. 어렵기는 꽤 어렵다. 그리고 간수의 구속과 수모도 어지간히 고통이 되어 견디기 어렵지만, 그것들은 다 동준의 진실한 생명에 저촉되는 것이 아니다. 문제는 'H가 어떻게 되었나?' 하는 것이다. 이것이 동준의 마음을 제일 괴롭게 하는 것이다. CK 목사가 면회하러 갔다가 들어오는 것을 보고, 동준이 차라리 면회하러 오는 가족이 없는 자기를 다행으로 생각했다. CK 목사는 서북 지방에 이름난 목사인데, 역시 이번에 만세 사건으로 들어와서 자기와 한방 한자리에 앉게 된 사람이다.

면회하러 나갈 때에는 기쁜 빛이 얼굴에 가득하였는데 들어올 때는 눈이 벌개졌다. 동준은 못 본체하고 물어보았다.

"누가 오셨나요?"

"……."

"부인께서 오셨던가요?"

"네에."

얼굴을 돌리면서 대답한다.

"댁에서는 다 안녕하시대요?"

목사는 손수건으로 눈물을 닦으면서 대답을 못한다.

"왜 그러십니까? 무슨 일이 있어요?"

"아닙니다. 별일이 있는 것이 아닙니다. 내 아내가 어린것을 데리고 왔는데 아버지 아버지 하면서 손을 내미는 것을 보고 마음이 좋지 않아서 두 사람이 다 말을 못하고 멍하니 섰다가 들어왔습니다. 그런데, 아내가 몹시 상해서 말이 아니어요."

"아마 밖에서 심로를 하시고 고생을 하셔서 그런가 봅니다그려!"

"글쎄요."

"어린애가 몇 살입니까?"

"이제 세 살입니다."

"세 살 난 것이……."

두 사람의 대화는 이만하고 끝났다. 동준은 눈물을 흘리는 목사를 비웃었다. 그리고 속으로 우습게 생각하였다. 자기도 나이 많아지면 저럴까 하고 생각해 보았다.

동준은 전부터 H에게 말한 것이 있었다. 사람이 결혼을 해 가지고 집을 마련하고 궤짝을 사고 사발을 사고 밥을 해 먹고 잠자고 아이 낳고 그 모양으로 소위 산다는 것을 자기는 절대로 못하겠노라고 하였다. 동준은 가정이라는 것을 몹시 싫어하였다. 자유로 떠돌아다니고 마음대로 살지 못하는 것이 그에게는 제일 고통이다. 그래서 그는 결혼하기를 싫어했다. 결혼하지 않고 그냥 사랑하기를 바랐다. 사랑이라는 것은 신성한 것이지만 결혼은 인공적이요, 허위적이라고 그는 생각했다.

지난 여름에 동경서 같이 나오면서 H가,

"결혼합시다."

할 때 동준은 웃으면서,

"결혼은 해서 무얼합니까? 꼭 결혼을 해야 되겠소? 태곳적에는 결혼이라는 것이 없이도 잘만 지냈다오."

"그럼 결혼하지 않고 언제든지 그냥 이렇게 지내잔 말이죠? 그러면 저도 좋겠어요."

H는 장한 듯이 이렇게 말하였다. 그러나 동준을 의심하면서 한 말이다.

"그렇지만 어떻게요!"

"무얼 어떻게 한단 말이오? 베이비가 생기면 말이지요? 유모를 주거나 어떻게 기르거나 그게 무슨 걱정이지요?"

"아니."

H는 씩 웃었다.

"아니는 무슨 아니, 좋은 수가 있으니 피임법을 연구합시다."

"피임법은 왜 연구해요?"

"압니까? 어디서 들었소? 피임법이란 말을?"

"그걸 몰라요!"

"경험이 있는가 봅니다그려!"

"아이구, 망측해라."

"사실 그것이 문제외다."

이런 말을 한 일이 있었다.

동준은 또 우두커니 앉았다가 한 가지 계교를 생각하였다. 손수건 좌우 끝을 젓가락으로 말아서 부채 대신 부쳐 보았다. 옆에 있던 K 목사도 그대로 하였다.

감방에 있는 사람들이 모두 부슬부슬 만든다.

4

동준은 감옥에 들어간 지 꼭 백일 만에 명광천지에 나와서 시원한 공기를 마시게 되었다.

밤 아홉 시에 감옥문 밖에 나왔다. 이 때에 같이 나온 사람이 댓 사람 되기 때문에 마중 나온 사람이 옥문 밖에서 수십 명이 와서 기다리고 있었다. 동준은 좋기는 좋지만 얼떨떨해서 한참이나 어릿어릿하였다.

'나를 위하여 온 사람은 없겠지.'

동준은 그 사람들을 보지도 않고 가려고 하는데,

"미스터 오"

하고 등을 툭 치는 이가 있었다.

그는 동준이 나오기 한 이 주일 전부터 차입을 부쳐 준 친구 Y였다. Y는 작년 H로부터 약혼을 결정할 때에 동준이 이미 이혼한 것을 증명하고 두 사람을 위해서 끝까지 노력하였다. Y와 하루 저녁을 지내고 이튿날 새벽에 종로 청년회 위층으로 갔다.

동준은 자기가 쓰던 테이블의 서랍을 열고 뒤적뒤적하여 보았다. 아무리 찾아봐도 H의 편지는 없었다. 동경 있는 K한테도 칠월 초순에 나가겠다는 편지와 평양 있는 친구 O라는 친구한테서 결혼한다는 엽서와 청첩장이 와 있고, 그 외에 엽서 몇 장이 있을 뿐이다. 그것은 보지도 않았다.

다시 한 번 찾아보다가 겨우 H의 엽서 한 장을 발견했다. 그것은 주

소를 옮겼다는 간단한 사연이었다. 그것은 주소를 옮겼다는 간단한 사연이었다. 일부인을 보고 자기가 감옥에 들어간 다음 날쯤 온 것인 줄을 알았다.

그는 답답해서 견딜 수가 없었다. 전에 받아 본 묵은 편지를 가방속에서 꺼냈다. 아무것이나 하나 집어서 읽어 보았다.

—— 사랑하는 낭군에게 받들어 올리나이다. 이 사이도 여행 중에 몸이나 건강하시오니까? 무슨 병이나 아니 나셨는지요. 너무 오래 소식 없사오니 궁금하고 답답하기 그지없사옵니다. 불초한 소처는 괴로운 시간을 헛되이 보내고 있사오니 하념하시는 덕택으로 몸이 무고하와 아직까지 모진 목숨을 여전히 보존하여 가오니 염려 마시옵소서. 웬일인가요? 편지 주신 지 벌써 달포가 넘으려 하옵니다. 아무리 공부에 바쁘신들 어찌 엽서 한 장 쓰실 틈이 없사오리까? 웬일이신가요? 이제는 저를 버리시는가요? 저 같은 것은 선생님의 배우자가 될 만한 자격이 없다고 버리시렵니까? 저는 한 주일 동안이나 잠을 못 잤습니다. 어젯밤에는 꿈자리가 하도 사나워서 너무 답답하기에 학교도 그만두고 M형님하고 같이 점치는 사람을 찾아갔습니다.

당신의 안부도 물어보고 우리의 장래도 물어보았습니다. 우습기도 하고 부끄럽기도 하옵니다. 자세한 이야기는 만나 뵙고 말씀드리겠습니다. 저를 살리시려거든 속히 편지하여 주시옵소서. 저를 죽이시려거든 그만두시옵소서. 졸업하실 날도 가깝고 뵙고 싶은 생각도 간절하와 일간 그 곳으로 가려고 하옵니다. 만일 내일도 소식이 없으면 괴로운 몸을 끌면서 계신 곳을 찾아가겠습니다. 저는 죽어도 당신 곁에서 죽겠습니다. 어쩌면 저를 못 보실지도 모르겠습니다. 신열은 거의 사십 도까지 되었습니다. M형님은 저를 붙들고 울고 있습니다. 이것이 마지막 편진지도 모르겠습니다.

손이 떨려서 더 쓸 수가 없습니다. 눈물이 떨어져 종이를 적시나이다. 부디부디 천금 옥체 보전하시며 내내 건강하시기를 하나님께 간절히 기도드리나이다.

삼월 십일 소처 H 올림

동준은 이 편지를 끝까지 보고 방금 받은 것처럼 마음이 몹시 감격되었다. 보던 편지는 테이블 위에 가만히 놓고 유리창 열린 데로 남산의 아침 구름을 바라보며 우두커니 섰다.

어떻게 하나 죄송, 보응, 거짓, 꿈, 돈, 곰, 사람, 여인, 운명, 사탄, 원수, 동준의 머릿속에서는 이런 것들이 뒤섞여서 왔다갔다 하였다.

"H는 죽었다."

이렇게 중얼거렸다.

"죽은 H라도 가 보아야겠다."

일본으로 떠날 것을 결심하였다. Y한테서도 H의 소식을 몰랐다. 어쨌든 일본으로 가기로 작정하고 YMCA 층층대를 내려왔다.

5

동준은 거의 일년 만에 동경역에 내렸다. 그새도 많이 변한 것 같았다. 십 년이나 살고 갔지만 겨우 일 년 떠나 있다가 다시 오는데도 벌써 촌사람이 된 듯싶었다.

전차에 탄 사람들이 모두 자기만 주목해 보는 것 같아서 부끄러웠다. H의 주소를 알기만 하면 곧장 그리고 찾아갈 것이지만 동준은 친구 K와 같이 들어갔다. 옮겼다는 주소로 찾아가려고 했지만, 'H가 만일 없으면 어떡할래요? 어서 나하고 갑시다.' 하고 강력하게 권하는데 못 이겨 K가 묵고 있는 하숙에 들어갔다.

동준은 그간 여러 달을 감옥에서 고생한 관계로 몸이 몹시 약해진데다가 사흘이나 잘 자지도 못하고 긴 여행을 했기 때문에 너무 피곤해서 당일은 H를 찾아볼 기운도 없이 일찍 자고 말았다.

사흘 후 동준은 평양 있는 C에게 이런 편지를 하게 됐다.

—— 사랑하는 C형에게

먼젓번에 드린 글을 보셨을 듯하외다. 요새는 일 보시기에 얼마나 고생하십니까? 아우는 삼 일 전에 이 곳에 와서 K군에게 괴로움을 끼치고 있나이다. 이번에 온 것은 H를 만나려고 함이외다. 감옥에서 나와 즉시 H의 소식을 알 만한 사람에게 물었으나 종래 알 수 없었나이다. 동경 있다는 것 외에는. 마침 K군과 동행이 되어서 이곳을 왔습니다. 같은 시내에 있으면서도 그 주소를 알 수 없었나이다. 종내 찾지 못하였나이다. 나는 견딜 수 없어 나중에는 경찰서까지 알아보았습니다. 그러다가 사흘 만에 알았나이다.

이것은 사실이외다. H는 그 사이 어떤 경상도 사람을 만나서 동거하더이다. 그뿐 아니라 수태한 지 오 개월이나 된 것을 알았나이다.

알 수 없는 것이 세상 일이요, 믿을 수없는 것은 사람 마음이외다.

C형이여, 나는 과연 꿈을 너무 오래 꾸었나이다. 나는 내일로 곧 돌아가서 전과 같이 춘원 군이 말하는 곰이 되겠나이다. 부지런히 내가 보던 사무에 충실하겠나이다. 삼층 꼭대기 지붕 밑 내 방에 돌아가서 그럴 것이외다. 서울 가서 다시 글을 올리려 하나이다.

동경 A정에서 동준 올림

—— 두 번째 부친 편지

형이 주신 글은 고맙다고밖에 더 할 말이 없소이다. 졸지에 그런 편지를 보고 놀라셨지요? 놀라게 하려고 한 것이 아니고 그것이 참

말이었소. 그러면 더 점점 놀랄는지 모르지만 거기서부터 내가 알 바가 아니오, 암만이라도 놀라시오.

셰익스피어*는 'Frailty ! the name is woman.' 이라고 부르짖었지만, 나는 'Infidelity ! the name is woman.' 이라고 부르오.

아! 형의 경우도 일경의 가치가 있소이다. 여인에게는 심장이 둘이 없습니다. 여인은 언제부터 모르몬교를 순봉하게 되었는지요? 나를 지배하는 운명도 고약한 운명이려니와 나도 꽤 못난이었소. 이런 안타까운 괴로움과 아픈 경험을 하지 않고도 여인을 알려면 너무 많으리만큼 책이 있지 아니하오. 또 세상에 산 책이 매일 얼마든지 출판되지 않습니까. 신문의 삼면 기사도 그 일부이지요. 그런 것을 으레 좌우전후로 여인을 사귀어 보고 비로소 안다고야 어찌 신경이 둔하고 머리가 나쁘고 감촉이 뜬 놈이 아니겠습니까.

하나님이 잘못하신 것이 꼭 하나 있습니다.

여인이 아니면 인류의 생식이 되지 못하게 하신 것 말이지요.

이제 누구든지 위대한 화학자가 나와서 사람 제조 기계를 발명하였으면, 그렇지 않으면 용한 생물학자가 나서 다른 방법으로 생식을 하게 하였으면 그러면 여인은 아주 쓸모없는 존재가 될 것입니다. 언제나 그런 시대가 올는지요? 대해의 물도 한 방울로 그 짠맛을 알 수 있지 않아요? 여인 하나로 능히 저들의 전체를 알 수 있어요? 그야 개중에는 춘향이같이 정조가 곧은 열부도 있기야 있겠지만 기막힌 행운아가 아니면 일생에 한 번도 만날 수 없는 어려운 일이겠지요. 대체 우리 사람이 그런 것을 가지고 이러고저러고

---

* 셰익스피어(Shakespeare, William) 영국의 극작가, 시인. 〈햄릿〉, 〈한여름 밤의 꿈〉 등의 작품이 있음.(1564~1616)

셰익스피어

하는 것이 뭣하기는 합니다만 학자들은 아무것이나 연구하니까, 심지어 풀이라, 벌레라, 박테리아, 아메바* 같은 것이라도 연구하니까 형과 내가 편지로 저들의 말을 하는 것 또한 학자로서는 할 만한 일이겠지요.

여인을 하나 얻어 주시겠어요? 형도 꽤 농담을 좋아하는 사람이구려. 생애에 한 번이면 그만이지요. 제발 그만두셔요! 더구나 내게는 여인은 절대 불필요해요. 나는 지금 받는 월급으로 의복, 음식을 넉넉히 살 수 있소. 거처는 나 일보는 집 사층, 그만하면 사람의 생활은 다 되었지요. 여인이 필요하다면 그것은 때때로 안고 자는 것이겠지요. 무얼 그따위를 안고 자지 않아도 암만이라도 살 수 있어요. 백 년 내지 이백 년이라도 참을 수가 있어요. 오직 한 가지 여인이 필요되는 것은, 하나님이 여인이 아니면 생식을 할 수 없게 잘못 만들어 놓으셨으니, 그저 생식이나 하기 위하여 생식하는 기구로 쓰게 된다고 할 수 있으나, 그러나 나 같은 사람은 자식을 낳아도 양육비가 없으니 거기도 틀렸소. 그러면 여인은 아주 쓸데없소.

그러나 그도 형이니까 그렇지, 어쨋든 고맙소이다. 세상놈들은 나의 시련을 보고 '망할 놈, 온갖 간교한 수단을 다 쓰고 눈짓을 해서 남의 딸을 훔쳐 가더니 종내 실패를 했구만, 네 보아라.' 할 터에, 형인 까닭에 여인을 얻어 주겠다는 것이지요. 좌우간 고맙긴 하지만 제발 그만두어 주시오. 싫어요. 백 년 만에 한 번밖에 나오지 아니하는 처녀가 나같이 몹쓸 운명아에게 차지가 되겠습니까. 나는 당초에 바라지도 않습니다.

아메바

* **아메바**(amoeba) 하나의 세포로 이루어진 원생동물의 하나. 큰 것이 지름 0.2mm밖에 되지 않아서 현미경으로나 볼 수 있으며 분열하여 번식한다.

여보, 사람같이 못생긴 것은 없을 거요. 그만하면 넉넉할 것을 그래도 또 생각할 때도 있으니, 그것은 내가 못난 탓인지도 모르겠소.

이제는 정말 그만둡시다. 말하기도 싫소이다.

때때로 글월이나 주시오. 우리끼리야 멀리 지낼 것 무어 있소?

부디 안녕히 계십시오.

고통으로 침묵한 서울 한모퉁이에서

9월 25일 아우 동준 드림

6

동준은 동경에 다녀온 지 일 개월 만에 H에게서 긴 사연으로 쓴 자백의 편지를 받았다.

상략

선생님은 저를 마음껏 저주하셔요. 여자를 끝까지 저주하셔요. 사실 저주할 물건이로소이다. 마음의 괴로움이야 얼마나 하셨사오리까만 죽은 사람의 소리로 알고 부디 저의 자백을 한번 들어 주셔요. 제가 지난 봄에 선생님을 H역에서 작별하고 들어와서는 죽 일 주일 동안은 잠을 자지 못하였습니다. 저는 잠시도 당신을 떠나서는 살 수가 없었나이다. 등불 앞의 부나비였나이다. 전에는 그렇게까지 당신을 떠나기 싫은 생각이었지요. 부끄러운 말입니다만 그 때 제게는 성의 욕망이 힘있게 깨어서 그런지 혼자서는 도저히 견딜 수 없는 적막과 슬픔과 괴로움을 깊이깊이 맛보기 시작하였습니다. 밤마다 공연히 울었나이다. 당신이 전에 결혼하지 아니하겠다고 하신 말을 사실로 원망하고 의심하였나이다. 약혼이 되기는 했으나 그것은 당신의 본심이 아닌 것이 아닌가까지 생각하였나이다. 대체 웬일인지 알 수 없으나 저는 갑자기 높은 벼랑에서 깊은 골자기로 떨어진 것처럼 마음이 어둡고 약해졌나이다. 처음에는 저도 혼자서 몹시 부끄럽고 괴로워하였나이다. 그래서 울면서 하나님게 전과 같은 사람이 되게 해 달라고 간절이 기도하였나이다. 하나님도 벌써 저 같은 계집은 돌보지 아니하시기로 작정을 하셨는지 저는 종내 두 마음을 지닌 사람이 되고 말았습니다.

지난 봄에 작별할 때에 저는 벌써 정신병자같이 되고 히스테리가 된 것을 몹시 염려하시고 여러 가지로 위로도 하고 훈계도 하시면서 애 많이 쓰신 생각이 나실 줄 압니다. 그 후에 얼마 지나서는 당신과 영원히 헤어져야겠다는 생각이 때때로 났었나이다. 그것이 대체 어찌 된 일인지 저 자신도 알 수 없고 대체 사람은 모를 노릇이외다. 당신과 저 사이에 어디 그럴 까닭이 털끝만큼이나 있었습니까? 참말 생각할수록 이상해서 견딜 수가 없었지요. 어쨌든 저는 점점 더 신경질이 늘고 비관하게 되고 점점 감정적 존재가 되고, 결국 마음이 답답해져서 사회의 도덕이나 세상의 습관 같은 것을 아주 잊어버리게까지 되었습니다.

그리고 한 면으로는 참을 수 없는 고독과 숨막히는 비애과 고통을 느꼈습니다. 그러니까 저는 어떻게 시간을 보낼까, 어떻게 해서 하루 해를 지낼까, 그보다도 어떻게 해서 하룻밤을 보낼까 함이 가장 어려운 일이요, 커다란 고통이었습니다. 그래서 저는 시간이라는 것이 몹시 무서웠나이다.

이 때에 오직 한 가지 제게 도움이 된 것은 A와 더불어 이야기하고 먹고 산보함이었나이다. A는 저와 같이 음악 학교 다닌 줄은 아실 듯하외다. 매우 쾌활하고 너글너글해서 말도 잘하였나이다. 그는 밤마다 저를 찾아와서 웃고 이야기하다가 돌아가곤 하였나이다. 때때로 양식집에도 갔나이다. 제가 오기를 청하였나이다. 어물어물 해서 시간을 보내기만 위주였으니까요.

그러니깐 자연 당신께 편지할 정신도 없었지요. 한 번은 제가 우연히 독감을 앓아서 사흘이나 열이 오른 채로 내리지 아니하여 아무런 정신도 차리지 못하고 있었나이다. 이 때 A는 매일같이 찾아와서 극진히 간호를 해 주셨나이다. 그가 제 육체에 접하기 시작한 것은 제가 처음에 신열이 몹시 올랐을 때 제 손을 쥐고 맥박을 짚어 본 것이외다. 그리고 머리도 만져 주었나이다. 그는 밤을 새우며 불덩이 같은 제 머리에 찬물로 수건찜을 해 주었나이다. 저는 아무리 남에게 허락한 몸이요, 이미 약혼한 사람이라도 그의 간호를 거절할 수 없었나이다. 첫째는 제가 너무 괴로워서, 둘째는 너무 고마워서…….

실상 거절할 정신도 없었나이다.

나흘 만에야 제 병이 쾌차하였나이다. 그것은 꼭 A의 은공과 사랑으로…….

그런데 나흘째 되던 날이외다. 그가 오후에 와서 이야기하다가 머리가 몹시 아프다고 하기에 좀 눕게 하였습니다. 석양에는 신열이 많이 나서 아무것도 먹지 못하고 앓았습니다. 저는 제가 받은 품삯으로라도 간호해 주지 않을 수 없었나이다. 더구나 그의 병이 나를 간호해 주다가 내 병이 전염되고 또한 너무 여러 날을 피곤하게 지내서 난 병이니, 목석이나 미물이 아니면 정성으로 간호해 주지 않을 수 있습니까. 과연 저도 정성껏 간호해 주었나이다. 밤에는 열이 사십 도가 넘어 정신을 못 차리고 앓는 것을 어떻게 그의 숙소로 가라고 할 수가 있어요, 차마 보낼 수 없었나이다. 그런 가운데 사랑이 생기고, 따라서 세상에 낯을 들지 못할 몸이 되었습니다. 어찌 하오리까.

하략

동경에서 죄인 H 드림

소

　"꼬꼬오오."

　둥그스름한 달이 동리 뒷동산 중허리에 고요히 떠 있고, 해는 아직 뜨지 아니하였는데, 수탉이 제가 먼저 깨어 일어났다는 듯이 주둥이를 힘껏 벌리고 큰 소리를 친다.

　"꼬댁 꼬대액 꼬댁 꼬대액."

　금방 알을 낳고 둥지에서 내려오는 암탉이 화답을 하는 듯이 야단이다.

　"꼬댁 꼬댁 꼬댁."

　'내가 금방 알을 낳았다누.'

하는 듯이 암탉이 또 큰 소리를 친다.

　"꼬댁 꼬댁."

　얼룩 수탉이 얼른 따라와서 알을 제가 낳기나 한 듯이 또 한 번 소리친다. 몸뚱이가 풍풍하고 곱슬곱슬한 머리카락이 늘어진 것을 거두어 올릴 새도 없이 컴컴한 부엌에서 골몰하게 보리방아를 찧던 마누라는, 어느새

손과 이마에 등겨를 묻힌 채로 앞서서 거추장스럽다는 듯이 강아지를 걷어차면서 달려와서 닭의 둥지를 들여다보고 입이 잔뜩 벌어진다.

"아이쿠, 알이 크기도 하다. 내 딸 기특하지."

뚱뚱 마누라는 암탉을 어루만질 듯이 이렇게 중얼거리면서 알을 집어가지고 삐걱 소리를 요란스럽게 내면서 광문을 열고, 맨 뒤 모퉁이에 있는 동이에 소중한 듯이 집어넣는다. 알 항아리를 한 번 들여다보고 그 옆의 다른 항아리에서 보리 한 줌을 집어 가지고 나와서 광문 앞에 쭈루루 뿌려 준다. 암탉 수탉은 맛있는 듯이 서로 돌아가면서 쪼아 먹는다. 뚱뚱 마누라는 다시 가서 방아를 찧으려고 하다가, 강아지가 절구 술에 묻은 겨를 핥고 있는 것을 보고,

"아이구, 속상해라. 저리 가!"
하면서 옆에 있던 모지랑비를 거꾸로 쥐고 때려 쫓고 다시 절구질을 시작한다.

"칫 처, 칫 처."

방아를 찧으면서 마누라는 광의 항아리에 있는 알을 생각한다.

'이제 몇 알만 더 낳으면 네 꾸러미가 될까. 남의 닭은 며칠 만에 한 알씩 낳는다는데 우리 닭은 매일 꼭꼭 낳는걸. 이제 네 알만 더 낳으면 네 꾸러미거든. 이번 장에 갖다 팔면 얼마 받을까? 팔아 가지고 암탉을 또 한 마리 살걸. 있던 놈하고 모두 열 마리가 매일 알을 낳으면 잠깐 열 꾸러미는 될 거라. 그 놈을 팔아 보태서는 이번에는 돼지를 사지. 아니, 그럴 것 없이 좀더 보태서 암송아지를 사자. 그러면 송아지가 잠깐 자라서 또 새끼를 낳을 테지. 송아지, 큰 소 모두 한 열마리가 되면 굉장하다. 그 때에 소를 더러 팔아서 논도 사고 큰 집도 사고 큰아이 장가도 보내고……'

뚱뚱 마누라는 방아도 잘 찧지 못하고 보리를 절구에서 덜었다, 도로 쏟아 넣었다 하고 있다. 이 때에 마침 장도 볼 겸 읍에까지 다녀오려고,

소를 먼저 먹여 놓으려고 일찍 일어나 나온 주인은 외양간에 가서 암소를 슬슬 한 번 쓸어 주고 끌고 나오다가 싱글싱글 웃고 있는 마누라를 보고,

"무얼 그렇게 혼자서 좋아 그리고 있소?"

"글쎄, 우리 암탉이 날마다 알을 낳는 게 하도 신통해서 그러지요. 잠깐 서너 꾸러미 되겠거든. 팔아다가 암탉 몇 마리를 더 사옵세다, 우리."

사나이는 마누라의 속셈을 벌써 다 알았다. 돈을 모아 보려고 어린 아들을 달걀 한 알 마음놓고 못 먹이는 것이 불쌍하기도, 밉기도 해서 비웃는 듯이 웃으면서,

"여보, 너무 그러지 말고 더러 어린애두 삶아 멕이기두 하구 당신두 좀 먹구 그리시우."

해 보았다.

"무어요? 당신의 상에두 새우젓 찌개 하나 못해 놓는 걸 우리가 먹어요? 모아서 이제 사 오는 암탉은 내 몫으로 할걸요."

"참, 내일이 당신 생일이지. 깜빡 잊어버릴 뻔했군. 장에 갔다가 고기나 한 근 사 와야겠군."

자기 말은 들은 체도 아니하고, 새삼스러운 이 말에 고마운 줄도 모르고 마누라는 더욱 놀라는 듯이,

"아이구, 당신 정신 나갔구려! 생일이 다 무어구 고기가 다 무슨 고기요. 이담에, 이담에……."

'이' 자를 썩 길게 끌어서, 오래오래 있다가 돈 많이 벌어 놓은 다음에나 고기를 사다 먹자는 말이었다.

그날 저녁에 베를 짜고 있던 마누라는 남편이 뻘건 쇠고기를 사 들고 오는 것을 보고 베틀에서 일어나지도 않고 야단을 하였다.

"용덕이 아버지 미쳤소? 누가 고기 사 오랍디까. 우리 약속한 지 벌

써 삼 년도 못 되어서 그게 무어요? 날더러 밤낮 주책없다구 그러더니, 자지가 먼저……."

사나이가 들었던 고기를 부엌에 솔나뭇단 위에 홱 내던지고는 독에서 물을 떠서 세수를 하면서 그리고 마당을 쓸면서 지난 삼 년 동안의 일을 생각하였다.

강원도 춘천군 오여울이란 두메에 와서 농사를 지으면서, 벌써 삼 년째나 사는 홍이라는 이 젊은이는, 나이도 서른이 훨씬 넘고, 말이 없고 게다가 태도가 진중해서 뉘게가 점잖다는 말을 듣고 대접을 받기 때문에 어디를 가나 젊은 축에는 들지 못하지만 —— 본시 어디서 온 사람인지, 무얼 하던 사람인지 동네 사람들도 자세히는 모른다. 일본 공부도 다닌 일이 있고 교사 노릇도 하고, 어떤 군청에도 잠깐 다닌 일이 있다는 말을 들은 사람이 있고, 그리고 동네 사람들의 대서는 맡아 두고 해 주고 하기 때문에, 누가 시작했는지 모르나 '홍 주사' 라는 별명을 가지게 되었다.

홍 주사는 춘천 촌으로 오면서 몇 가지 결심한 것이 있다. 다시는 촌을 떠나지 않을 것이 그 첫째요, 소를 잘 기르고 소와 같이 부지런히 농사를 할 것이라는 것이 둘째요, 셋째는 무엇이나 제가 지어서 먹고 사 먹지 않기로. 마누라도 이것을 찬동해서 꼭 베를 짜서 입고 일체 옷감을 사지 않고, 고기나 반찬도 사다 먹지 않기로 약속하였다.

그 때에 두 돌 지난 아들 용덕이가 열 살 되기까지는 이 약속을 지키기로 작정하였다. 춘천서 어떤 가까운 친구가 왔을 때에 처음으로 한 놈을 잡아먹은 일이 있고는 실상 달걀 한 알 못 먹고, 그 흔한 고무신 한 켤레 사다 신지 못하였다. 자기는 헌 구두를 출입할 때에만 신고, 두 사람이 다 밤낮 삼으로 손수 삼은 미투리를 신었다. 마누라는 닭을 치는 것이 가장 큰 재미지마는 홍 주사의 유일한 낙은 소를 먹이는 것이었다.

한국 사람은 소를 사랑하고 집마다 소를 먹여야 한다는 것이 그의 주장이었다. 그리고는 벌을 몇 통 쳤다. 꿀을 받아서 어린것을 먹이고 동네 사람더러도 치라고 권한다.

　"아버지, 아버지, 얼른 좀 나와 보세요."
　전 달리 일찍 일어난 용덕이는 무슨 큰일이나 난 듯이 안방 문을 열고, 여태 밖에 있다가 들어가서 잠깐 잠이 든 아버지를 들여다보면서 소리소리 지른다.
　어느 새 용덕이는 열 살이 넘었고, 홍 주사네 살림도 꽤 늘어서 논도 새로 풀어서 몇 마지기 만들었고 집도 사랑채를 지었고, 소도 두어 마리나 되고 도야지는 남 준 것까지 열 마리가 넘는다. 이 날 아침에는 새벽 일찍 일어나서 소 외양간을 깨끗이 치워 주고 여물을 정성껏 끊여 먹였다. 새끼 뱄던 암소가 여물을 먹고 나더니 금방 새끼를 낳아 놓았다. 홍 주사는 너무 기뻐서 손수 송아지를 따뜻한 물로 씻어 주고 어미 소 등에 부댓자루를 뜯어서 덮어 주었다. 초가을이라 새벽녘에는 꽤 쌀쌀하기 때문에 마치 산모인 듯이 생각하고 간수하는 것이다. 그리고 자기는 약간 감기 기운이 있기 때문에 으스스해서 들어가 누웠던 참이다.
　"아버지, 아버지, 소가 애기를 낳았어요. 그런데 금방 걸어다녀요! 좀 나가 보세요!"
　"보았어, 보았어!"
　홍 주사는 용덕이를 보고 끄덕끄덕하기만 하다가 이렇게 말하고, 종내 끌려나와서 어미소가 쭈그리고 있는 새끼를 쩔쩔 핥아 주고 있을 것을 보고 있다가,
　"아무리 짐승이라도 금방 나온 새끼가 크기도 하지."
　안에서 아침밥을 짓다가 나오는 마누라를 보고 홍 주사는 이렇게 말한다.

"정말 이렇게 큰 송아지는 처음 보았어요. 수커지요? 여보 용덕이 아버지, 이 송아지는 용덕이 소라 하고, 이담에 암컷 낳거든 내 몫으로 주어요, 응. 이 송아지는 용덕아, 네 송아지다."

"이담에 암컷 날지 어떻게 알어! 용덕이 송아지 삼으면 제가 길러야지! 제가 먹일까, 벌써……."

어린 아들 용덕이도 크고 그 송아지도 커서, 먹이기도 하고 타고도 다닐 일을 생각하매 자기도 참말로 기쁘지 아니한 바가 아니려니와, 어린애같이 너무 좋아서 정신없이 지껄이는 마누라를 보고 웃으면서 홍 주사는 잊어버렸던 대문 돌쩌귀를 빼어 놓고 용덕이를 한 번 돌아보고 다시 안으로 들어갔다.

마누라는 송아지를 보면서 무슨 궁리를 하는 모양이었다.

"그럴 것 없이 내 몫으로 암소를 또 한 마리 사다가 두 놈이 새끼를 낳고, 그 새끼가 커서 또 새끼를 낳으면……."

마침 이 때에 삐꺽 하는 대문 소리에 마누라는 깜짝 놀라서 재미있는 꿈을 깨친 듯 시무룩해서, 가만가만 들어오는 앞집 장손이 어머니를 바라본다.

"용덕이네 소 새끼 낳구만요. 아이구 크기도 해라, 새끼가……."

"이 송아지는 우리 용덕이 송아지라우."

송아지만 바라보던 마누라는 옆에 있는 용덕이 머리를 쓰다듬으면서 자랑삼아 이렇게 말했다. 바가지를 뒤로 감추고 어물어물하던 장손이 어머니는 겨우 주인 마누라 귀에다 입을 대고 보리쌀 두 되만 꾸어 달라고 청한다.

"장손이 어머니, 오늘은 없는데요. 우리도 공출인지 다 하고 마침 또 꾸어 가고 보리 갈 때까지 양식이 모자랄 것 같은데요."

마누라는 고개를 짤래짤래 흔들면서 단번에 거절을 한다.

너무 무안스럽고 딱해서 얼른 돌아서 달아나듯이 나가는 장손이 어

머니의 뒷모양을 방금 안방에서 나오던 주인 홍 주사는 물끄러미 바라
보고, 두 눈에 눈물이 글썽글썽하였다. 갚는다고 하기는 했어도 ──
다 찢어져서 옆구리 살이 드러나는 저고리, 푸대치마 밑에 빼빼마른 종
아리며 발목, 그보다도 집에서 배고파 울다가 잤을 어린것들의 모양,
그보다도 그것을 차마 볼 수 없어 애태우는 어미의 쓰라린 마음을 생각
하여 홍 주사는 한없이 불쌍한 충동을 받은 것이다.

　　홍 주사는 마누라를 부르고 장손이 어머니를 불렀으나 마누라도 대답
이 없이 어디로 없어지고, 나간 손은 더구나 소식이 없다. 홍 주사는 싸리
비로 마당을 쓸다가 뒤꼍으로 돌아가서 마누라를 보고, 동네 사람에게 너
무 박절하게 한다는 말을 하고 얼른 쌀을 좀 갖다 주기를 권하였다.

　　"그 여편네를 그렇게 생각하거든 당신이 좀 갖다 주구려. 무엇이 애
　　가 타서 쌀바가지를 들고 댕기란 말이야. 글쎄 사람이 염체가 있지.
　　한 번 꾸어 가면 꾸어 간 건 가져오구 또 꾸어 달래는 거지……. 우리
　　더러 그냥 양식을 대란 말이야. 저희 줄 게 있으면 우리 동생네 주
　　지……. 가난은 나라도 못당한다구, 난 몰아요, 몰라."

　　보다 좀 나온 입이 완연히 더 나온 마누라는 우물에 나가는지 밖으로
나가 버리고, 홍 주사는 입맛만 다시고 마당을 마저 쓸어 치우고 외양
간에 가서 새끼 낳은 암소를 한 번 쓸어 주고 소제를 하면서,

　　'가난! 가난!'

　　가난의 설움을 생각하고, 가난한 동네 사람들의 정성을 생각하고, 어
떻게 하면 동네에서 '가난'을 내쫓아 버릴까 하는 궁리를 가끔 하는 것
이었다. 마누라도 처음에는 그렇지 않았건만 셈이 좀 피니까 인심이 사
나워졌다고 생각하였다.

　　그 날 저녁이다. 유월달 꽤 뜨겁던 해가 넘어간 황혼이었다. 홍 주사
는 동네 앞 개울에서 소를 먹이다가 언덕에서 풀을 깎고 있는 장손이를
만났다. 아침 일이 생각이 나 홍 주사는 매우 미안스러워서, 저쪽에서

무안스러운 듯이 돌아서려는 것을 일부러 쫓아가서 이야기를 붙였다.

"이따 오게. 내 마누라 몰래 좀 줄 테니, 자루를 가지고 오게."

"아직 보리 벨 땐 안 되구, 팔십 노인 할머니하구 어린애들하구 며칠을 굶다가 참다못해 그만두시라니까 어머니가 종내 가셨던 모양이군요. 보리 좀 잘라다가 아침밥 해 먹었어요."

홍 주사는 고개만 끄덕인다.

"그런데 주사님께서 말씀드리긴 어려워두, 그저 저희 몇 식구 먹여 살리시는 줄 아시구 송아지나 한 마리 사 주세요. 송아지를 사 주시면 부지런히 농사지어서 댁에 쌀 꾸러 댕기지 않구 살겠어요."

장손이는 새끼 딸린 홍 주사네 소를 한 번 쳐다보면서 꼴 베던 낫을 놓고 두 손을 모아 읍하고 엎드려 절이라도 할 듯이 이렇게 공손히 말한다. 장손이는 아버지를 일찍 여의고, 어머니와 외할머니를 모시고 어린 동생을 데리고 부대 농사를 지어 가면서 홍 주사네 밭도 좀 부치고 간신히 살아갔다. 나이 스물다섯이 넘도록 총각으로 있다가 작년 가을에야, 사람이 무던하다고 누가 딸을 주어서 장가를 갔다.

홍 주사는 고개만 끄덕끄덕하고 그러라든지 안 된다든지 말이 없다. 홍 주사도 장손이한테는 진실하고 술담배 모르고 부지런하다고 퍽 호감을 가지고 있기 때문에 장가갈 때에도 쌀말도 사 주고, 속으로 '저렇게 착한 사람이 늘 저렇게 고생을 하고 있어서 안되었다.' 하고 은근히 동정을 하고 있던 차이었다. 그리고 그 중에도 소를 먹이겠다는 것은 꼭 마음에 들었다.

홍 주사는 강원도 오기 전에 인천으로 서울로 돌아다니면서 고생하던 생각, 한동안 안변 시골서 농사짓느라고 고생을 하던 생각을 하고 더욱 장손이에게 동정이 갔다. 사람이 어쩔 수 없이 곤경에 빠졌을 때는 누가 조금만 거들어 주면 거기서 솟아날 수 있다. 우리 나라 사람은 남에게 눌리고 속고 빼앗기 기는 할지언정 도움을 받을 길은 없다. 우리는 서로 붙들어 주면서 살아야 하겠다. —— 이런 생각을 가지고 있던 홍은 장손이 일이 남의 일 같지가 아니하였다. 실상 홍 자신이 강원도 와서 자리를 잡고 살게 된 것이 춘천읍에 있는 어떤 친구의 도움과 주선의 덕이 컸던 것이다. 사실은 홍은 형들도 있고 유여한 삼촌도 있었으나, 남을 의뢰할 생각을 아니하고 제 힘으로 살아 보려고 다니다가, 월급쟁이 노릇을 해서는 밤낮 그 턱으로 거지 노릇을 하겠다고 결심하고, 다시 시골로 온 것이다. 와서 곧 닭치기와 벌치기를 부업으로 하면서 농사를 하였다. 물론 홍이 시골 온 것은 세월이 점점 험해지고 급해지면 제정신 가지고는 살 수 없으리라고 생각해서 일부러 아무것도 모르는 듯이 농사꾼이 된 데 더 큰 이유가 있는 것이다.

"이제는 우리가 고생해서 한 푼 두 푼 모아 가지고 앞으로 아이들이나 남에게 구차한 소리 안하고 살아가도록 해 봅세."

이렇게 아내하고 약속하고 땅마지기나 사 가지고 시골로 온 뒤로, 다행히 아내가 튼튼해서 병 없이 일을 잘해 주어서 남의 도움을 받지 않고 그럭저럭 살게 된 것이다.

"글쎄, 어디 보세. 그래서 자네가 걱정 없이 살아간다면 이웃 사촌이라구 낸들 안 좋겠나!"

이렇게 막연한 대답을 하고 '홍 주사'라는 창수는 집으로 돌아와서 그 날 저녁에 곰곰 생각하였다.

"이 동네는 장손이 같은 사람이 하나만이 아닌데, 그 사람들이 다 소만 있으면 살아갈 수 있다면……."

이런 생각을 하고 여러 가지로 궁리를 하다가 우선 장손이 한 사람으로 시험을 해 보기로 하였다.

"이제는 나도 불가불 이 동네를 떠나야 할까 보다."

홍 주사는 남산을 바라보고 그 옆으로 넘어가는 신작로길 고개를 바라보고 지난날 새벽에 아내가 뿌리치고 넘어가던 길을 물끄러미 바라보면서 이렇게 중얼거렸다. 홍 주사는 그 뒤에 장손이하고 어렴풋이나마 약속한 약속을 지켜서, 자기가 친히 송아지를 사다가 주었던 것이 집안 싸움의 시작이 되었다. 홍 주사는 아무 말도 아니하고 사다가 주는 것을 장손이가 굳이 송아지에 대한 조건을 물어보는 말이 귀찮다는 듯이,

"여러 말 할 것 있나. 그냥 그저 사 준다고 했으니 사 주는 것이니, 부지런히 농사해서 잘 살게그려. 정 못 알아듣겠거든 나를 형이나 아비로 알아주게나."

이런 말을 해 두었다. 그런 것을 장손이 어머니는 너무 고마워서 일부러 치하하러 와서 용덕 어머니더러 그런 말까지 죄다 하였다. 이번에는 자기 몫으로 소를 사겠다는 셈을 치고 있던 마누라는 자기하고는 한마디 의논도 없이 장손네를 사 주었다는 것이 노엽고 분하다고 밤새도록 자지 않고 못 견디게 비위를 거스르기 때문에, 홍 주사는 홧김에 옆에 있던 질화로를 내던지는 바람에 마누라는 이마를 다치고 얼굴을 데고 하여서 며칠을 먹지도 않고 누워 있었다.

그런 뒤에 홍 주사는 빌듯 달래듯 하면서 자기 속뜻을 알아듣도록 이야기해 주었건만 마누라는 종내 알아듣지 못하였다.

"이 재물이 당신 혼자 모은 겐 줄 아시오. 내가 먹고 싶은 것 먹지 못하고, 입고 싶은 것 입지 못하고, 밤잠도 못 자고 해서 모은 것이지……."

이런 말을 늘어놓으면서 마누라는 소리쳐 울었다. 이런 것이 첫번 싸움이요, 그 다음에는 용덕이가 몹시 체해서 앓는 것을 보고 음식을 주의하지 못하고 함부로 먹여서 앓는다고 무식하다고 말한 것이 나무란다고 마누라는 또 울고 야단을 하였다. 이번에는 홍 주사는 가만 내버려 두었건마는 마누라는 혼자서 추석도 안 지내고 친정으로 간다고 달아나듯 가 버린 것이다. 앓는 어린것을 데리고 추석을 혼자서 지낸 홍 주사는 매우 쓸쓸하였다. 이리하여 마누라는 그 뒤에 오기는 왔지마는, 집에 있는 때보다 나갈 때가 많았다. 마누라가 없는 때는 앞집 장손네

가 와서 식사를 해주고 한집처럼 지냈다.

그 뒤 다시 오 년이 지났다. 지나간 오 년은 우리 전 민족과 같이 창수도 상당히 괴롭게 지냈다.

용덕이는 불행히 늑막염으로 오래 누웠다가 죽고, 아내도 그 뒤로부터는 몸이 약해져 앓기만 하고 누워 있는 시간이 많고 늘 신경질만 부리고, 그리고 자기는 번번이 보국대로 끌려 나가고 양식은 공출로 빼앗기고 나니, 잘 먹지 못하고 일만 하는 동안에 몸이 퍽 쇠약해졌다. 그러나 홍 주사는 여전히 농사를 짓고 벌치기와 소먹이기를 힘썼다. 그 동안에 소를 하나씩 사 주어서 동네 사람 중에 소를 안 먹이는 집은 하나도 없게 되었다. 그리하여 십 년 동안에 이 오여울 동네는 전에 비해서 훨씬 살림이 윤택해졌다.

"우리네가 이만큼 살게 된 것은 홍 주사님 댁 덕이야. 그래도 홍 주사네는 집안이 말이 아니야."

동네 사람은 고맙고도 미안스러운 듯이 이렇게 말한다.

기막히고 억울한 일정 시대, 그 지긋지긋한 전쟁도 끝나고 해방의 기쁨이 삼천리 전역에 넘치게 되었다. 팔월 십오일이 지나서 몇 날 뒤에 그 소식을 들은 창수는 동네 사람들을 지도하여 자치로 질서를 유지해 가고, 모든 일을 정부가 생겨서 지휘하는 대로 하기로 하고, 그 동안 경솔히 하는 일이 없이 자중해서 지내자고 동네 사람들의 다짐을 받았다. 창수 자신도 춘천읍에 한 번 잠깐 다녀온 후로 여전히 가을 준비와 소먹이기, 벌치기에 바빴다. 겨울도 그럭저럭 지나고 새해가 오고 봄이 되었다. 창수는 다시 농사 준비를 하고 있었다.

"당신 친구들은 모두 춘천으로, 서울로들 가서 한자리씩 하고 출세를 하는데, 이 좋은 세월에 우리는 그냥 촌에 묻혀서 일만 하고 있잔 말이오."

홍 주사네 동네는 공교로이 바로 3·8선 이남에 들었으나, 자기는 아직 세상에 덤들 마음이 없어서 본래 결심한 대로 그대로 농촌을 지키기로 하였던 터이라,

"농사하는 사람도 있어야지, 농사하는 사람이 없으면 어떻게 백성들이 먹고 살아간단 말이오. 우리는 그냥 이 동네서 살아 봅세다."
하고 아내를 달랬다.

"나는 암만 해도 여기서는 못 살겠어요. 이제는 힘이 없어서 일도 못하겠구 하기도 싫고, 사람이 웬만큼 고생을 하다가도 좀 편안히 살자구 그러는 것이지, 누가 밤낮 이 꼴을 하구 산단 말이오. 이제는 우리두 대처에 가서 먹고 싶은 것도 먹고, 구경도 하구 산 듯이 살아 봅세다그려."

마누라는 여전히 불평이 대단하고 도회지에 나가고 싶은 생각이 간절한 모양이다. 그 동안 고생하고 일한 것은 촌에서라도 언제든지 돈을 모아 가지고 호화롭게 잘살자는 뜻이었다.

"글쎄, 당신의 말도 그럴 듯하지마는 이제 갑자기 대처로 가면 무슨 별수가 있소? 어디 가면 이만한 데가 있겠소?"

홍 주사는 그대로 이 촌을 떠나지 말기를 고집하였다.

"그럼 당신이나 여기서 살구려. 나는 싫소. 내 소 팔아 가지고 춘천으로 가든지 서울로 가든지 갈 터이야요."

"소를 팔아? 소를 팔아 가지고 무얼 한단 말이오?"

"장사하지. 아랫동네 구장네도 이북으로 다니면서 돈 많이 벌었는데……."

"당신이 꽤 장사를 할 것 같소? 그리구 소두 우리 식구가 아니오? 제 식구를 팔아서 무슨 이를 보겠다고 팔아 없이 한단 말이오. 인제 아주 살림 끝장내려우?"

"글쎄, 내 소를 내 맘대로 한다는데 걱정이 웬 걱정이오? 제 걸 가지고 제 맘대로 못한단 말이오. 두어야 읽어버리기나 하라구. 장손네

소 잃었으니 이번엔 우리 소 잡아갈 차례로구만. 바로 몇 날 전에 장손네 소를 잃어버렸는데……."

아직도 장손이 소 사 준 것을 빈정대는 말이다.

"자, 아무리 당신의 소라구 해두 여태껏 공손히 아무 말도 없이 주인을 위해서 일을 해 준 소를 인정간에 어떻게 어따가 팔아먹는단 말이오. 이 동네 사람은 살 사람이 없을 테니 장에 갖다 팔면 잡아먹는 거 아니구 뭐요."

"원! 소에게 무슨 인정이야. 그까짓 짐승에게!"

"그까짓 소! 그 소가 좀 귀하오. 사람이 소만 못하다오. 사람은 저 할 일은 안하구 불평만 하지마는 소는 아무리 소리 없이 수걱수걱 일만 하는걸 좀 보아요. 당신은 이 근래는 밤낮 웬 불평만 그렇게 많소?"

"몰라요, 몰라요. 나는 여기서 살기 싫어!"

마누라는 나중에는 울기를 시작한다. 창수도 가만히 생각하니까 자기가 너무 무리한 것 같고 마누라가 불쌍한 생각이 불현듯 일어나서, 가슴이 뭉클해지면서 눈물이 나는 것을 참느라고 아무 대꾸를 아니하고 돌아누워 버렸다. 창수는 변변히 깊은 잠을 못 들고 일찍 일어나서 대문 밖으로 나갔다. 마침 장손이가 헐떡거리고 올라오고 있다.

"선생님, 선생님. 선생님 뵐 낯이 없습니다……."

장손이는 두 눈에서 눈물이 글썽글썽해서 그 다음 말을 못한다.

"인제야 알았어요. 재 건너 이북 동네 놈들이 우리 소를 잡아먹었대요. 이쪽에서 간 것을 잡아먹었다니 우리 소밖에 더 있어요. 그놈들을 어떻게 하면 좋아요?"

창수도 눈시울이 벌개지면서 아무 말도 못하고 하늘만 바라보고 서 있다.

"소경 제 닭 잡아먹기로 제 동포의 것을 잡아먹고 마음이 편할까?"

창수는 이렇게 중얼거리고 그 날 하루를 매우 괴롭게 지냈다. 혼자서 뒷산에 올라가서 오여울 동네를 내려다보고 재 건너 소위 이북 땅을 바라보고 하루 종일 먹지도 않고 울고 있다가 밤에 별이 총총해서야 내려왔다. 내려와 본즉 집안은 안팎에 도망한 집처럼 늘어놓고 마누라는 말도 없이 자기 치마를 짓고 있다. 창수는 사랑 문턱에 잠시 앉았다가 도로 산으로 올라갔다. 마누라 생각, 지나간 십 년 동안의 일, 동네 일, 나랏일을 생각하면서 조용한 모퉁이 바위 위에 걸터앉아서 하늘의 별을 바라보고, 이남이고 이북이고 분간할 수 없이 안개 속에 잠긴 동네들을 바라보고 있다. 생각을 해서 앞길을 정하려고 해 보았으나 눈물만 나고 아무 생각도 할 수 없다. 이 때에 밑에서 수선수선하는 소리에 따라서 동네 젊은이들이 올라온다. 웬 서투른 황소 한 마리를 끌고 소나무 새로 올라온다. 그 가운데 장손이도 섞이어 있다. 마침 이북에서 넘어온 소를 잡아먹겠다고 끌고온 것이었다.

"저희도 우리 소를 잡아먹었는데요."

장손이가 씨근거리면서 말한다. 젊은이들은 모두 흥분해서 기어이 잡아먹는다고 야단이다.

"안 됩니다, 안 됩니다. 동포끼리 그래선 안 됩니다. 돌려 보내시오. 정 소를 잡아먹고 싶거든 우리 소를 잡아먹어."

이 말 한 마디를 남기고 창수는 달음질로 바삐 동네로 내려갔다. 자기네 소를 끌어다 주려고 대문을 열고 들어가 외양간을 본즉 외양간이 텡텡 비었다. 밖에도, 집 근방 아무 데도 소는 없다. 방에 들어가 본즉 서투른 글씨로 이런 말이 씌어 있는 종잇조각이 방바닥에 구르고 있다.

'나는 내 소를 가지고 갑니다. —— 다시는 기다리지 마시오.'

창수는 얼빠진 사람 모양으로 멍하니 방 한가운데 서 있다가 궤짝에서 돈을 꺼내서 소 한 마리 값만큼 장손에게 갖다 주고, 자기도 얼마 가지고는 장손이 어머니보고 몇 마디 이야기를 하고 나왔다.

다시는 오여울 동네에서 아무도 홍창수를 본 사람이 없다.

방황

암흑과 광명

"조심해서 잘 가거라."

"네. 선생님, 안녕히 주무세요."

"응, 그런데 눈도 왔는데 잘 가겠니? 가만, 잠깐 기다려라. 같이 가자."

한 교장은 신애를 금방 현관 밖으로 보내 놓고 마음이 놓이지 않기 때문에 신애를 기숙사까지 바래다 주려는 것이다. 기숙사와 같은 평면에 있는 운동장까지라도 바래다 주려는 속셈이다.

"아니야요. 교장 선생님, 염려 마세요. 이젠 저 혼자 잘 다니는 줄 모르세요? 선생님. 더구나 학교 구내에서 못 다니면 어떻게 해요? 선생님."

"아니야, 그래두 오늘 저녁은 내가 바래다 줄게……. 잠깐 가만있거라."

"선생님, 정말 추운데 나오지 마셔요, 감기드셔요. 밤낮 붙들려 다녀서 어떻게 해요. 저두 이젠 좀 사람 구실을 해야지요. 어서 들어가셔요.”

“아니다, 잠깐 있거라.”

신애가 굳이 사양하면서 나오기를 말리는 것을 한 교장은 기어이 고무신을 끌고 대문 밖으로 나섰다. 바깥 공기는 꽤 맵다.

싸락눈이 좀 내려서 겨우 길을 덮었지만 그리 미끄러울 정도는 아니었다.

대문 앞에서 기숙사 가는 길로 꺾이는 길목까지 가자 신애는 한 교장을 앞질러 돌아서면서,

“선생님, 어서 들어가셔요. 밤두 늦었는데 어서 들어가세요. 선생님 안 들어가시면 저는 안 갈 테야요. 선생님 왜 저번에 저희들보고 훈시하실 적에 ‘맹인들은 밤낮 남을 의지하려구만 하구 남의 도움을 받을려구만 하는 게 탈이다. 그건 거지 근성이야. 좀 독립 정신을 가지고 제 발로 다니구 제 힘을 가지구 살 각오를 가져야 해.’ 하시지 않으셨어요. 저는 그 때 선생님의 그 말씀을 듣는 그 시간부터 단단히 결심 했어요. 선생님이 그렇게 가르치시구는 그 말씀대루 실행을 하두룩 버려 두셔야지요. 말씀은 그렇게 하시구 실지루 그렇게 행하지 못하두룩 하시면 어떻게 해요!”

신애의 말을 들어 보면 과연 그럴듯하긴 하다. 물론 속으로는 밤이 늦고 날도 차니까 나를 염려해서 사양을 하는 것이지만, 또 지금 하는 이야기도 노상 사양하는 거짓말이 아니다. 내 말을 듣고 제가 단단히 결심한 것도 사실이요, 또 기특한 일이다. 그냥 보내야겠다. 한 교장은 이렇게 생각을 했지만, 오늘 저녁은 기어이 바래다 주고 싶은 생각이 들었다. 그리고 마침 지금 신애가 하던 이야기에 대해서 그 조건을 꺾을 만한 구실이 문득 생각났다.

“아니야, 신애는 특별한 경우야. 신애는 다른 아이들과 다르거든, 그렇지? 내 말을 알아듣겠지, 내 말을 알아듣겠나 말이야. 너는 아직

신입생이니까 말이야."

"선생님, 제가 왜 못 알아들어요. 그러니까 신입생이라두 신입생 적부터 기압을 받아 가면서 훈련을 받아야지요. 저는 선생님 밑에서 사람 구실을 하기를 힘쓸래요. 글을 배우고 산수를 배우기보다도 사람 구실을 하기를 배워야 될 것 같애요."

신입생이지만 나이를 먹은 것이 다르다. 그런 생각을 가지면 그야말로 맹인이라도 장차 사람 구실을 하겠다. 한 교장은 신애를 어지간히 믿음직하게 생각하였다.

"그럼, 네 말두 그럴듯하다. 조심해 가거라."

"네, 선생님, 안녕히 주무셔요."

"오냐, 잘 가거라."

한 교장은 신애가 더듬더듬 가는 것을 이윽고 바라보다가, 잘 가겠지 하면서 돌아서서 집으로 들어왔다. 집에 돌아오니까 안방 시계가 땡땡 여러 번 치는 것이 열 시를 알리는 모양이다.

현관문을 잠글 것을 잊어버리고 들어온 한 교장은 다시 나가서 대문을 한 번 보고 현관문을 잠그고 들어왔다. 책상에 버려졌던 원고지를 걷어치우고 안방 쪽으로 가다가 마루에서 아내와 마주쳤다.

"신애 갔수? 기숙사까지 데려다 주셨수?"

"아니, 혼자 댕길 버릇을 해야지."

'그렇지.'

"주무실려우, 더 쓰실려우? 그만 주무시지, 일 방해 많이 되었구만."

아내는 자리를 보고 버려진 것을 치운 다음에 버려졌던 그릇을 들고 눈길로 잘 자라는 인사를 다시 하고 안방으로 건너 갔다.

한 교장은 쓰던 원고장을 치워 버리고 자리에 누웠다. 머리가 어지러웠기 때문에 더 써질 것 같지 않을 것이라고 생각한 것이다.

자려고 누우니까 신애가 이야기하던 생각에 잠이 오지 아니하였다. 게다가 예전에 학생 시대에 일본서 유연히, 본국에서 온 대학생을 돌보아 준 경험은 있지만, 깊은 각오나 준비도 없이 막연하게 이 맹아 학교에 오게 된 일이며, 더구나 또 글쓰는 사람으로 어울리지도 않는 교장이란 자리에 앉게 된 일이며, 와서 첫 처사로 나이 지났다고 받을 수 없다고 선생들이 꺼리는 것을 억지로 받아 준 신애의 일, 그리고 방금 신애가 와서 이야기하던 일이 뒤섞여서 머리에 떠올라 오기 때문에 잠을 잘 수가 없다.

신애는 나면서부터 혹은 아주 어려서 눈이 먼 것은 아니다. 열다섯 살 때에 눈병이 나서 고치다고치다 못해 종내 소경이 되었다는 것이다. 신애는 해방 직후에 눈병을 고치려는 희망을 품고 단신으로 고향인 맹산을 떠나서 평양으로 해서 서울까지 오는 동안에 고생한 것은 말할 것도 없고, 서울에 와서 D병원에서 치료하다가 그만 아주 희망을 잃어버리고 소경이 되었는데, 그 때의 실망과 슬픔은 어떻다고 이루 형용할 수가 없었다. 차라리 나면서부터 혹은 아주 어려서 실명을 하게 된 소경은 성한 사람이 상상하는 것처럼 그렇게 고통은 모르는 것이다.

그네들은 빛이라는 것을 모르고 눈 없이 환경에 적응하도록 눈 이외의 모든 다른 기관이 발달하였기 때문에, 예를 들어 말하면 손이나 발이나 귀가 눈을 대신하여 예민하게 움직여 주기 때문에 그럭저럭 살아가지만, 중간에 실명한 사람은 광명하던 세계가 별안간 캄캄해지니, 마치 갑자기 암흑세계에 던져진 것 같아서 어쩔 수가 없다. 게다가 실명한 실망감과 그때 그때 당하는 고통과 정신적인 타격에 그야말로 산다는 것이 죽는 것만 같지 못하다는 처지에 빠지는 것이다.

한 교장이 신애더러 '신입생'이라고 한 것은 학교에 갓 들어왔다고 하는 말이 아니라, 맹인 나라에 처음 들어온 신입생이라는 것이다.

한 교장이 처음에 이 학교에 와서 아이들이 손을 잡고 더듬더듬 다니면서도 웃고 떠들고 농짓거리를 하고 있는 것을 보고 '사람이 다 살게 마련이다.' 하고 깨달은 것이 선천성 맹인이나 갓나서부터 실명한 사람들에게 대한 생각이었다.

그런데 그것을 알고 신애와 같이 중간에 실명한 사람이 얼마나 불행한 것을 절실히 느꼈던 것이다.

'신애는 얼마나 답답하고 안타까울까!'

한 교장은 어느 새 잠깐 잠이 들었다.

"선생님! 선생님!"

"교장 선생님!"

한 교장네 뒷밭 쪽에서 모깃소리만한 소리가 들린다. 그러나 한 교장은 마침 첫잠이 들었던 때라 희미하게 들려오는 그 소리에는 잠이 깨어질 수가 없었다.

"선생님!"

고요한 밤중이라 가늘지만 멀리 똑똑히 울려 오는 것이다. 애처로운 호소의 소리다.

멍멍, 멍멍.

이윽고 어디서 개 소리가 들려온다. 신애는 한 교장이 바래다 주겠다는 친절을 굳이 거절하고 혼자서 더듬더듬 기숙사로 가는 길을 찾아가고 있었다.

'고마워라. 서울에 와서 그렇게 따뜻하게 대해 주는 이는 처음이어!'

신애의 귀에는 한 교장의 부드러운 말소리가 아직도 남아 있는 것 같았다.

'고마워라……'

신애는 또 한 번 속으로 중얼거렸다.

"학비는 물론이구 식비도 걱정할 거 없다."

한 교장의 이 한 마디는 신애의 어두운 앞길이 환히 틔어지는 것 같았다.

'정말일까?'

약간 의심도 생겼지만 교장 선생님이요, 더구나 목사님이라는데 의심할 것이 없다고 생각하니 한숨이 내쉬어졌다.

"흥! 신애는 교장 선생님의 권도로 들어왔는걸, 머."

마침 사감 윤 선생의 으레 비꼬는 말투로 하는 잔소리가 생각났다. 그래서 신애는 허둥지둥 발거음을 서울러 내켰다.

"아이쿠머니, 아니로구나!"

얼마큼 더듬어 가던 신애는 발걸음을 멈출 수밖에 없다. 얼마큼 갔는지 모른다. 한참 갔던 모양이다.

약간 경사진 언덕을 올라가서 운동장이 되고 운동장을 지나서 좀 가면 기숙사가 되는데 암만 가도 기숙사 길이 나서지 않는다. 우선 운동장으로 올라가는 언덕길을 지난 것 같지 않고, 그리고 운동장은 빤빤하니까 발에 거칠 새가 없을 텐데 자꾸만 발길에 걸리는 돌이 있다. 큰일 났다.

처음부터 방향을 잘못 잡았다. 약간 왼편 짝으로 향해 가다가 언덕을 올라가야 할 텐데 신애는 바른편으로 간 모양이다. 그래서 교장 사택인 집 뒤쪽으로 간 모양이다. 거기는 널따란 빈터였다. 그런데 신애는 그것을 알 리가 없다. 이 학교에 온 지는 두어 달 좀 지났지마는 교장 사택은 세 번째밖에 못 와 보았고, 더구나 앞으로 다니는 길이나 대강 알 뿐이지 그 집 뒤의 형편이 어떤 것인지 알 까닭이 없다.

더구나 눈이 왔다. 소경은 발이 눈 대신을 해 주는 것이다. 그러니까 발짐작과 발맞으로 길을 찾아가는 것이다.

그런데 눈이 와서 덮이면 발짐작을 할 수가 없다. 결국 눈이 눈 노릇을 해 주는 발걸음을 방해하는 것이다. 신애나 한 교장은 두 사람이 다 이것을 몰랐던 것이다.

맹인의 세계에는 신애도 신입생이지만 한 교장도 처음인 것이다. 그러니까 눈이 온 밤에 서투른 길을 가기로 떠난 신애나, 그런 생각을 못 하고 혼자 가라고 보낸 한 교장이나 마찬가지 실수이었다.

신애의 발길에 차이는 돌은 흔히 길가에 널려 있는 자그마한 돌이 아니었다. 꽤 큰 돌이었다. 공사하는 석재로 갖다 두었던 것이 남아 있는 것이다.

신애는 거기에 걸려서 여러 번 넘어졌다. 넘어질 때마다 정강이를 다쳤다. 피가 흐르는 것도 모르고 길을 찾아보았으나 암만 해도 방향을 잡을 수가 없다. 암만 가도 끝이 없다. 어느 넓은 들판을 헤매는 것 같다. 신애에게는 사실 넓은 들판이었다. 신애는 지금 세계의 어느 광야를 헤매는 것이었다. 몸이 척척한 것은 느꼈으나 눈 위에 쓰러졌기 때문에 옷이 젖었는가 했을 뿐이요, 피가 흐르는 줄도 모르고 돌아다녔다.

딱…….

"에크!"

한참이나 헤매다가 부딪친 것을 어루만져 보니까 그것은 신애 자신은 도무지 모르는 담장이었다. 정신을 차려서 담의 반대 방향으로 한참 가 보았다. 정신없이 서둘러서 가 보았다.

"아이쿠머니!"

신애는 소리를 질렀다. 그러자 정신이 아뜩했다. 우물을 파려고 했던 것인지 사실 우물자리인지 상당히 깊은 웅덩이에 빠진 것이다. 이윽고, 이래서는 안 되겠다 —— 하고 겨우 정신을 차려서 더듬어 보았더니 밑에는 사방에 돌이요, 그리고 웅덩이 위쪽 평지가 만져지지 않는다.

신애는 소리를 내서 울 수밖에 없었다. 젖 먹던 힘까지 다 내어서 신애는 웅덩이 밖으로 기어 올라왔다. 올라와서는 기진맥진해서 땅바닥에 주저앉았다. 눈은 그냥 내리는 모양이다. 진땀이 나서 머리와 손등이 몹시 차갑다. 그 덕에 정신이 더 바짝 든다.

"선생님, 선생님!"

하고 소리를 질러 보았다. 신애는 이 때에 한 교장을 찾을 수밖에 없었다.

'교장 선생님밖에 없다.'

이렇게 생각된 신애는 한 교장네 집과 거리가 어떻게 되는지도 모르고 기껏 목소리를 내어서 선생님을 부르고 있었던 것이다.

"사람 살리셔요."

"누구요, 누구요!"

잠이 들었던 한 교장은 꿈에 어디서 사람 살리라고 애걸하는 소리를 듣고도 얼른 깨어지지가 않아서 얼마만에야,

"누구요, 누구요."

하고 외친 자기 소리에 잠이 깨었다.

"아이쿠 신애가, 혹시나 신애가……."

한 교장은 벌떡 일어나서 대문 밖으로 달려 나갔다.

"선생님, 선생님임!"

분명히 신애의 소리다.

"신애로구나, 이 눈이 오는데……."

한 교장은 곧장 자기 집 뒤로 달려갔다. 집 뒤에 희끄무레한 그림자가 보인다.

"신애냐?"

눈이 성한 사람이건만 눈길에 돌이 많이 널렸기 때문에 넘어질 뻔하면서 거무스레한 그림자가 있는 쪽으로 달려 나갔다.

"선생님!"

외마디소리로 부르면서 달려드는 그림자는 한 교장의 두 다리를 꽉 끌어안았다. 그리고 말없이 흐득흐득 느껴 울기를 시작한다.

"신애야, 웬일이냐?"

한 교장의 목메인 소리다. 신애의 두 손을 힘있게 붙잡았다. 그리고 어깻죽지를 붙들어 일으키는 것이다.

"가자."

한 교장의 손에 붙들려 허청허청 가는 신애는, 산에 가서 길을 잃고 헤매다가 아버지를 만나서 안심하고 돌아가는 어린애와 같이 보였다.

눈이 어두워 암흑 세상에서 헤매던 슬픔과 쓰라림도 크지마는, 한 교장의 인자한 손길에서 느끼는 행복감에 신애는 새로운 빛을 보는 것 같아서 이내 울음을 멈추고 그의 뒤를 따랐다.

"눈이 많이 왔다!"

"눈이 많이 왔지?"

다음 날은 날이 훨씬 개고 봄날처럼 따뜻했다.

기숙사에서는 어린 학생들이 자기들이 앞을 못 본다는 불행을 잊어버린 듯이 재잘거리고 떠들고, 어떤 애는 마당에 쌓인 눈을 뭉쳐 가지고 장난을 하고 있다.

탕!

어떤 아이가 장난으로 눈덩이를 던지는 바람에 신애네 방 창문에 몹시 부딪쳐 맞았다.

새벽녘에야 겨우 잠들었던 신애는 깜짝 놀라 깨었다. 깨어서 정신을 차리고 본즉 자기는 자기 방에 그대로 누워 있다. 식당에서 벌써 아침 식사를 하는지 대가닥대가닥 그릇 소리가 들린다.

방에는 애들이 하나도 없다. 깜짝 놀라서 일어나려고 해 보았으나 온몸이 쑤시고 골이 아파서 일어날 수가 없다. 그리고 보니까 아까 한 방

에 있는 어린 학생이,

"언니, 오늘은 웬일이셔요, 일어나셔요."

하면서 가만히 깨우던 말이 꿈결처럼 생각난다. 종소리도 못 들은 모양
이다.

잠시 그릇 소리가 그치면서 사방은 고요해진다.

신애는 다시 팔다리를 뻗어 보았다. 지난 밤을 밝힌 일이 되살아온
다. 사감실 방에 있는 큰 시계가 땡, 한 시를 치고 또 땡, 두 시를 치고
그 다음에 세 시, 네 시를 칠 때까지 몇 번이고 넘나들던 삶과 죽음의
고갯길을 지나서 간신히 잠이 —— 잠이 아니라 반잠이 들었으나, 그것
은 방황과 험한 지옥길을 되풀이하면서 헤매는 무서운 쇠사슬에 얽매
여 다니는 꿈길이었다.

"아이쿠, 또 돌멩이야."

신애는 부딪치는 돌을 피하고 무서운 독사를 피하여 딴 쪽으로 덤벙
덤벙 뛰다시피 걸어 보았다. 다행히 돌은 없다. 그러나 가도가도 끝이
없다. 또 앞을 막는 것이 있다. 부딪쳐 보았다. 헤어날 수 없다. 정글이
다. 다시 발길을 돌이켜보았다.

돌이다. 부딪치기 전에 돌을 피해서 다시 방향을 돌렸다. 방향을 돌
리니 또 끝이 없다. 신애는 돌고돌고 돌아서 끝없는 길을 다녔다.

온몸에 땀이 쭉 흘렀다. 한참이나 주저앉았던 신애는 다시 일어나서
가기를 시작하였다.

"아이쿠머니, 예가 어디야?"

"깊은 웅덩이다. 지옥이다."

"여보, 여보, 사람 살리우."

소리소리 질러 보았으나 소리가 마음대로 질러지지 않고 겨우겨우
모깃소리만큼밖에 나오지 않는다. 이렇게 사나운 꿈길을 헤매다가 새

벽에야 겨우 잠이 들었던 모양이다.

마침 창문에 눈덩이가 맞아서 부딪치는 요란한 소리에 잠을 깨고보니, 무거운 몸은 그대로 있고 여전히 제자리에 누워 있으나, 제자리 같지 않고 어젯밤 한 교장댁 뒤에 있는 황무지 같은 빈터 같았다.

'지옥이로구나.'

신애에게는 자기 자리라는 게 사람이 살 만한 세상이 아니라 황무지 같은 빈터요, 바로 지옥이나 다름없이 느껴진 것이다.

지난 밤에 한 교장네 뒤터에서 헤매던 일과, 꿈 속의 일과, 지금의 일이 뒤섞여진 모양이다.

'이런 황무지를, 돌무더기 빈터를 헤매면서 나는 어떻게 살아간단 말인가?'

신애는 기숙사라고 찾아와서 누웠으나 지난 저녁 몇 시간 전 일을 생각하니 도무지 살아갈 희망이 보이지 않았다. 머리카락을 잡아뜯으면서 울어 보았다. 이마를 땅에 부딪히면서 울어 보았다.

'내가 왜 살았던고…….'

'이제라도……. 차라리…….'

신애는 쥐잡는 약, 잠자는 약, 이렇게

'그만 죽어 버리는 것이, 내가 고통을 안 당하고 남에게 괴롬을 끼치지 않고 죽는 것이 나을 것이다…….'

죽을 방법을 생각해 보았다. 신애는 이를 악물었다.

'그렇다. 잘 생각했다. 모든 일이 다 해결될 것이다.'

'쥐잡는 약을 어떻게 구하는가? 누가 내게 그런 약을 팔며 설혹 판다면 내 주머니에는 그런 약을 살 만한 돈이 있는가?'

'그렇다. 저 학교 앞에는 우물이 있다. 우물에 빠지면 그만이다.'

신애는 벌떡 일어났다. 일어나서 한 걸음 출입문 쪽으로 갔다.

"아야, 누구야? 도둑놈이야."

가다가 옆에 있는 아이의 발을 밟았다. 그 바람에 신애는 깜짝 놀라며 그 자리에 공중 쓰러졌다.

"아니야, 내가 물이 먹고 싶어서 나가려구 그랬다. 어서 자거라."

'내가 하필 우물에 빠지면, 학교에서 쓰고 우리 기숙사에서 먹고 선생님네가 먹고 그뿐인가, 온 동네에서 먹는 물을 못 먹게 하면 죽어서도 얼마나 두구두구 욕을 먹을꼬…….'

'교장 선생님은 얼마나 마음 상해하시고, 얼마나 나쁜 년인가 하고 실망을 하실까, 그렇게 착하신 선생님을…….'

신애는 한 교장의 부드럽고 정다운 음성과 따뜻하고 힘있는 손길을 생각했다.

'그 손길을 붙잡고 살아서 여기까지 오지 않았는가.'

신애는 한숨과 더불어 눈물이 흘러 뺨을 적시는 것을 느꼈다.

'아니다, 살아야 한다.'

신애는 또 이를 악물었다.

그러자 신애의 귀에는 아까(몇 시간 전에) 들어올 때의 윤 사감의 매섭고 살기 찬 음성이 되살아 울렸다.

"지금이 몇신 줄 알구 기어 오는 거야? 흥, 교장 선생님이면 제일인 줄 알아? 어디 보아, 흥! 교장의 체면을 보아야지, 학생을 입학시켰으면 입학시켰지 어쨌단 말이야. 여태껏 붙들어 두고…… 사감은 무얼 하라는 거야? 규칙을 지켜 주어야 해먹지……. 에그, 팔자가 사나워서 장님 학교에 와서 저 꼴을 보고 살지, 학교에는 교장 맘대루 해두 기숙사에서는 마음대로 못해. 아무 때나 제멋대로 못 들어와. 나가, 내일은 나가. 이제라두 나가……."

신애는 오다가 길을 잃고 헤매다가 늦은 이야기를 하면서, 죽을 죄로 잘못했으니 용서해 달라고 손이 발이 되도록 빌었던 것이다.

"듣기 싫어!"

그래도 사감은 문을 탁 닫으면서 쇳소리를 지르던 그 소리가 쨍 소리를 내면서 귀에 울려 왔다.

'우물, 우물에라두!'

신애의 귀에는 기숙사 소사 벙어리 강 서방이 물길어 가지고 오던 물지게 소리가 들렸다.

"아바바 아바바."

사감 선생님에게 장작개비로 맞고 구박받을 때 입을 벌리고 두 손을 모두어 싹싹 빌면서 애원하던 소리가 들렸다.

"좋은 사람, 강 서방, 좋은 사람, 부지런한 사람."

언젠가 교장 선생님이 기숙사에 왔다가 벙어리 강 서방의 등을 가볍게 두드리면서 칭찬하던 것이 생각난다. 벙어리 강 서방은 너무도 좋아서, '아아, 아아.' 하던 소리가 들려왔다.

쌕쌕 갈그랑 쌕쌕 갈그랑. 옆에서는 어린(소경) 아이들이 세상 모르고 태평하게 자고 있지 않은가.

'살아야 하는가. 애들도 강 서방도 나도 살아야 하는가.'

기나긴 겨울 밤에 온밤을 잠을 이루지 못하고 얼마나 마음의 험한 고개와 험한 벌판을 헤매고 있었는가. 그 동안 한 교장네 뒷동산으로 헤매기에 고달프고, 다친 데가 저리고 아픈 바람에 풀깃 잠이 들려고 하는데 어머니의 여윈, 그리고 가늘고 똑똑하게 부르는 소리가 들린다.

"신애야, 신애야."

"신애야, 살아만 다구, 부디 살아만 다구."

신애는 벌떡 일어나서 가만히 귀를 기울여 들어 보았다.

여윈 어머니의 모습도 울음 섞인 음성도 사라졌다. 고요한 밤은 한결 아늑해지고, 저리고 무겁던 몸도 좀 가뜬하고 편안한 것 같다. 마치 어려서 어디를 몹시 다치고 나서 어머니 품에 안겨서 울다가 잠깐 잠이 들던 그런 기분이었다.

삼 년 전 늦은 봄 일이다.

"신애가, 웬일이가? 너 정말 안 뵈니?"

"어머니, 앞이 캄캄해서 잘 안 뵈어요."

"아, 신호야, 신애가 잘 안 뵌다누나. 이거 어드카갔니? 여보, 신호 아바지, 얘기 또 안 뵌답네다그려!"

"무어? 신애가 안 뵌대요?"

"뭐야? 신애가 안 뵌대?"

날씨가 따뜻하고 진달래와 복숭아꽃이 활짝 피기 시작한 어느 날, 평양에서 한 백여 리 되는 맹산읍 장거리에서 큰 잡화상을 하면서 아무 걱정 없이 태평하게 지내던 신애네 집에서는 신애의 눈병으로 해서 큰 소동이 일어났다.

신애 아버지 강춘구는 어려서는 고생도 좀 했으나 사람이 착실하다고 동네에서도 모두 칭찬을 하고 믿어 주기 때문에, 처음에는 남의 상점에서 점원 노릇을 했지만 차차 신용을 얻어 장가도 들고 주인이 밑천을 대 주어서 제 앞으로 따로 상점을 차려 놓자 장사가 잘 되었다.

장사가 차차 커지고 보니 신애 아버지 혼자서는 손이 모자라서 어찌할 수가 없기 때문에 아들 신호를 들여앉히고 상점 일을 보게 하였다.

다음 해에 신호 대신 신애가 중학교에 다니게 된 것이다. 춘구네는 자녀가 남매밖에 없기 때문에 본시 자식을 귀애하는데 일찍이 며느리를 보려고 아들은 장가를 보내고 딸을 공부시킨 것이다.

신애 어머니는 본시 예수 믿는 집에서 시집을 왔기 때문에 남편이 별로 좋아하지 않지마는, 아주 막지나 않는 것을 다행으로 여겨서 열심으로 교회에 다녔다.

신애를 중학교에 보내기로 하는 데는 춘구도 아내와 의논이 맞아서 찬성하기 때문에 신애는 기뻐서 학교에 입학했다.

이 때까지도 온 집안은 편안하게 지냈다.

지난 여름부터 뜻밖에 신애가 눈병을 앓기 시작해서 읍의 병원에서 얼마 치료를 받았다. 무심히 치료를 받다가 십여 일이 되어도 낫지 않기 때문에 야단법석이 나서 평양으로 데리고 가서 도립 병원에 다니면서 치료를 받았다.

"그러지 말구 '기독 병원' 엘 가 보이시두룩 하시우, 미국 의사가 눈 치료는 잘한다우."

고을 교회 목사의 말을 듣고 '기독 병원' 에 다니면서 치료를 받았다.

신애는 중학교를 쉬게 하고 온 집안이 신애의 눈 치료하는 데만 전력을 들이게 되었다.

눈이 쏘고 아프다고 하니, 혼자는 보낼 수가 없어서 한동안은 어머니가 데리고 다니며, 어떤 때는 아버지도 데리고 다니고, 아버지 어머니가 다 바쁠 때는 오빠가 데리고 다녔다.

그러는 동안에 장사에 많은 타격이 되고 살림이 말이 못되었다. 게다가 신호의 아내가 어린것들을 버리고 달아나고 안 돌아왔다. 장사나 살림은 밥이 되거나 죽이 되거나 딸에게만 정신없이 야단들 하는 꼴이 보기 싫다고 하는 것이 신호의 아내의 말핑계였다는 것이다. 그리고 신호의 아이들도 눈병이 나서 야단법석이었다. 신호의 아내는 신애의 병이 자기네 아이들에게 옮았다는 것이다.

"이렇게 다녀 가지구는 안 될 터이니 입원을 시키시오."

'기독 병원' 의 의사의 말대로 입원을 시키게 되니, 그렇지 않아도 그 동안 오고 가고 다니는 차비와 치료비며 약값이 많이 들어갔는데 입원비, 수술비에 돈이 문척문척 들어가게 되었다.

결국 상점에 들어오는 돈이란 돈은 거의 신애의 입원비와 치료비에 소비하게 되었다.

"어머니, 왜 어디 편치않으셔요?"

신애의 병간호와 이틀돌이로 평양 다니기와 손녀 손자 치다꺼리와 상점 일이며 집안 살림에 시달리고 지친 나머지, 신애 어머니마저 앓아서 자리에 눕게 되었다.

그래서 여간 밑천으로 모았던 돈이 병원 비용에 들어가고 물건 판 돈은 박박 긁어서 약값과 차비로 쓰게 되니 시잿궤가 덩덩 비게 되자 새로 물건을 사들일 수가 없다. 아버지나 신호 오빠는 그럴 경황도 없었다. 그러나 본즉 상점에는 차차 물건이 없어지고 찾아오는 손님도 없었다. 게다가 남의 빚이 늘어 가고 집까지 저당에 들어갔다.

"신애가 퇴원해서 온답니다, 주인님."

하루는 신호네 상점에서 일하는 최 서방이 평양에 갔다 오면서 이런 소식을 전해 주는 것이다.

신호는 버선발로 뛰어나갔다.

"신애가 퇴원해 와? 나아서 온대?"

그 대답은 듣지 않아도 그 낯색과 어깨가 축 늘어진 꼴과 등에 진 이부자리를 보아서도 알 수가 있었다. 그리고 최 서방이 고개를 좌우로 흔드는 도리도리와 그 뒤에 그 입에서 느리게 나오는 한 마디 말은 요행을 바라고 있던 신호의 가슴을 서늘하게 하였다.

"희망 없대요."

"가게문 닫쳐 버리게."

신호는 한 마디를 던지고 어디로 나가 버렸다. 잠시 뒤에 가게 문 닫힌 신호네 상점 안방에서는 초상집 같은 울음소리가 들렸다.

차차 해가 길어지기를 시작해 훈훈한 바람이 불어오고 아카시아 꽃 냄새가 코를 찌르는 시절이 되었다.

지칠 대로 지친 신애 어머니는 가겟방으로 나와 누웠다가 잠깐 잠이 들었다. 금방 무서운 꿈을 꾸던 어머니는 소리를 지르면서 일어나서 신애가 혼자 있는 골방으로 달려갔다.

신애가 누웠던 자리에 신애의 모습이 보이지 않자 어머니는 가슴이 선뜩하여 온몸에 소름이 쭉 끼쳐졌다.

"얘야아, 신애야아!"

변소에나 갔는가 하고 어머니는 소리를 질러 보았다. 바로 골방 옆에 있는 변소에서도 소식이 없다. 방으로 뛰어 들어갈밖에 없었다.

"야아 신애야, 너 이거 무슨 짓이냐?"

신애는 방 모퉁이에 있던 재봉틀 위에 올라서서 대들보에 어린애 업는 띠를 걸고 제 목을 매려고 하던 참이었다.

벌써 신애의 눈에는 붉은 피가 돌고 있었다. 어머니는 뛰어 올라가서 신애를 붙잡아 내렸다.

"어머니! 저 하나 때문에 우리 집안이 이 꼴이 되구 못살게 됐으니 제가 어서 없어져야겠어요. 나 같은 거 살아서 뭘 하겠어요. 어머니……."

"얘 신애야, 그거 다 무슨 소리라구 하니. 아무 소리 말구 집안 걱정은 하지 말구, 그저 살아만 다구. 살아만 다구."

어머니의 손과 온몸은 경련이 일어난 것같이 몹시 떨리기만 했다. 신애의 손을 꽉 붙잡고 떨기만 하는 것이다. 신애도 떨기만 했다. 어머니의 말에 눈물이 흐르는 것이었다.

"어머니, 그렇지만 저는 앞이 캄캄해요. 캄캄한 세상을 어떻게 살아요. 어머니, 제가 산다면 언제까지나 어머니의 괴롬거리나 될 걸 살아서 뭘 해요. 저 같은 불효자식이 살아서 뭘 해요."

"왜 너는 그런 소리를 하니? 서울에라도, 아무 데라도 가서 더 치료해 보자꾸나. 왜 낙심을 하니?"

"인제는 어머니, 단념했어요. 어떻게 캄캄한 세상을 더듬고 살아가요? 어머니."

"글쎄 더 치료해 보자는데 그러누나. 그리구 세상은 어두운 거 아니란다. 육신의 눈으로는 보이지 않아도 심령의 눈으로 보이는 하나님이 계시지 않니? 어디든지 무슨 일이든지 틀림없이 바른 길로 인도해 주신단다. 너는 믿음이 없어서 모르지만 믿음이 생기면 환히 알게 될 거란다."

어머니의 한 마디 한 마디 피를 토하는 듯한 말씀이 신애의 가슴속을 밝히고 마음에 힘을 주었다.

"살겠어요, 살겠어요, 어머니."

신애의 얼굴에서는 약간의 미소까지 볼 수 있었던 것이다.

다음 날은 일요일이었다. 신애는 어머니의 손에 붙들려서 가까운 교회에 가서 예배에 참례하고 얼마큼 가뜬한 마음으로 돌아왔다.

그러는 동안에 한 해가 지나가고 다음 여름이 되자 해방이 되었다.

해방이 되었다고 모두 좋다고 야단법석이었다.

"만세, 만세, 대한 독립 만세!"

맹산골에는 말할 것도 없고 촌에서도 각처에서 만세 소리가 요란스럽게 들려왔다. 신애네 집에서는 신호도 나가고 최 서방도 나가고, 집에서는 신애와 어머니가 남아 있을 뿐이다. 아버지는 홧김에 만주로 달아난 지가 여러 달 된 채 소식이 없었다. 신호는 날마다 나가서 자치위원회에서 일을 한다고 집에는 잠깐잠깐 들여다볼 분이요, 식사도 안하고 더구나 자는 법이 없다.

"어머니, 나도 평양 가겠어요."

"네가 평양 가면 뭘 하겠니?"

"세상 소식도 듣고 바람 쐬고 가겠어요. 갈 동무들도 있어요."

"아무렇게나 하렴."

이리하여 신애는 동무들을 따라서 평양에 와서 동무네 집에도 있고 친척네 집에도 있으면서 그 동안 하도 답답하게 지내던 차에 흥분된 세월을 보내게 되었다.

그러나 신애가 평양에 온 것은 서울이라도 가서 그만 눈병을 고쳐 보게다는 한 가지 간절한 소원이 있어서였다.

'평양에는 희망이 없다. 소련 놈의 탄압과 무지한 행동에 평양 있으면 안 되게다. 서울로 가자.'

청년들이 수군수군하는 소리를 듣고 동무 영희의 오빠가 서울로 가는데 영희와 그 밖에 여학생도 몇이 따라간다는 말을 들었다.

신애는 속으로 결심했다. 영희에게 단단히 부탁한 결과, 마음 좋고 활발한 영희는 시원시원히 허락해 주어서 사리원으로, 학현으로 해서 사흘만에 서울까지 무사히 오게 되었다.

처음에는 불구자 수용소에 얼마 있다가 또 친척 언니의 집에서 신세를 지면서, 시립 병원에 다니면서 눈병을 다시 치료해 보았다. 마침 원장이 안과 의사요, 눈 수술에 용하다는 말을 듣고 사정을 말한 결과,

"염려 말아요, 평양 의사들은 다 무얼 했어, 수술을 잘못했구만. 염려 말아요. 내 보게 해 줄 테니 덮어놓고 입원을 해요."

자신 있게 말을 하기 때문에 꼭 믿고 입원을 하고 수술을 받았으나 그 결과는 실패였다.

신애는 아주 길도 못 찾을 정도로 실명을 하고 말았다.

마침 친척 언니네 집을 찾아왔던 교회의 전도 부인이 국립 맹아 학교로 인도해서 입학하게 되었다. 마침 한 교장이 새로 부임한 때라 교장의 호의로 학교에 입학되자 기숙사에 무조건 수용되었다. 나이 많고 보호자가 없다는 조건으로 교감과 직원들이 반대하는 것을 한 교장이 우겨서 입학시킨 것이다.

"저렇게 연령이 지나고 그리고 중간 실명자는 안 됩니다. 아주 곤란합니다. 못 받습니다."

사감을 겸한 여교원 윤 선생이 굳이 반대하는 것을 한 교장이 내가 전 책임을 질 테니 염려 말라고 강경하게 말한 결과, 무조건 입학시키기로 되었던 것이다.

이 때에 선생 중에 수군거리는 사람들도 있었고, 그 가운데도 윤 선생의 샐쭉해지는 매서운 눈초리가 심상치 아니한 것을 못 본 체할 수밖에 없었다. 그러나 한편으로는 꺼림한 것을 눌러 두었다.

"신애, 공부 재미있지? 집에 한번 와, 응?"

한 교장은 복도에서 더듬더듬 가는 신애를 보고 이렇게 정답게 말을 해 주었다. 한번은 집을 모른다고 최옥희라는 한 반 학생하고 같이 왔다. 두 번째는 좀 보는 어린 학생하고 같이 왔다 갔고, 세 번째는 저 혼자 찾아왔다. 그 때에 신애의 지난 이야기를 대강 들을 수 있었던 것이다. 그 뒤로부터는 답답하고 어려운 일이 있을 때에는 한 교장을 찾아갔다. 지난 밤에도 신애는 저녁을 먹는 척만 하고 사택으로 한 교장을 찾아 왔던 것이다.

"신애가 왔구나. 어떻게 혼자 찾아왔지? 이젠 제법이다."

한 교장은 이렇게 반가이 맞아 주는 것이다.

신애는 학 교장과 사모님의 친절에 못 이겨서 저녁밥을 더 먹고 앉아서 자기의 지난 사정을, 지난번에 이야기 못한 것을 보충해서 더 이야기하고, 그러고 나서는 어머니나 아버지가 혹 월남해 왔는지 모를 텐데 어떻게 알아볼 도리가 없는지 의논하였다.

"교장 선생님을 뵈면 꼭 저희 아버님을 만나는 것 같애요. 음성이 꼭 같애요."

이렇게 마음에 먹었던 이야기를 했더니,

"나를 아버진 줄 알고 있거라. 아버지 노릇을 잘은 하지 못하겠지만 할 수 있는 대로는……."

한 교장의 이런 말을 들었다. 이런 말을 들은 신애는 너무 기뻐서 눈물이 앞을 가리고 목이 메어서 한참이나 말을 못하였다.

나중에는 윤 선생의 태도가 이상스럽고 말끝마다 비꼬고 빈정대는 것이 불쾌하다는 이야기도 하고,

"최옥희라는 학생도 제게 대해서 태도가 이상스러워요. 교장 선생님 댁에 오기가 어려워요."

이런 말도 하였다.

그리고 이것저것 한 교장의 묻는 말에 대답하는 동안에 다정스럽게 대해 주는 한 교장의 작은딸(명예)하고도 늘고 하는 동안에 그럭저럭 시간이 좀 늦어서 돌아갔던 것이다.

한 해, 두 해, 시간은 흘렀다.

무더운 여름이었다. 유월이 거진 다 지나 무렵에 서울은 —— 아니, 한국 천지는 —— 뜻하지 못한 큰 변을 당했다. 서울은 공포와 전율 속에 휩싸여 있었다. 그렇지 않아도 맹아 학교의 한 교장은 본시 오해와 불안과 그리고 고민의 하루하루를 보내고 있었던 차이었다.

　'나를 굳이굳이 오라고 하던 이 사람들이 이제는 반 이상이 내 적이 되었구나. 이제 나를 지지하는 사람이 몇이나 되는고. 나를 지지하는 사람은 다 약자요 무능한 자들이 아닌가. 나는 사면초가에 들었다.'

더구나 목사로 신변이 위한한 한 교장은,

　'내가 이 학교를 지키고 있어야 옳은가, 희망 없는 성을 지키고 있는 어리석은 일을 할 것인가.'

하고 고민 중에 몇 날을 보냈다.

세상은 뒤집혔다. 종내 한 교장은 기독교 목사요, 독재를 했다고 반동분자로 몰려서 학교에 나가지 못하게 되었다. 학교는 교감이던 박 선생과 윤 선생의 천지가 되었다.

그러자, 몇 날 뒤에는 한 교장과 한 교장을 지지하던 몇 선생은 면직이라는 것이 발표되었다. 그리고 최옥희는 학생 위원장이 되고 신애와 그 밖의 몇 학생은 퇴학 처분이 내렸다.

그리고 학교 안에서 박 동무, 윤 동무 하면서 남녀가 뒤섞여서 날마다 술을 먹고 춤을 추고 '붉은 기' 노래를 부르며 떠들었다. 이 모양으로 학교는 난장판이 되었다. 게다가 기숙사는 물론이요, 교실까지도 괴뢰군의 숙소가 되었다. 어느 날은, 아침 일찍이 신애는 윤 사감의 방에 불리어 갔다.

"신애는 어서어서 나가시오. 한 선생은 이 학교에 아무 상관이 없다오. 어서 나가시오."

"네, 나가지요."

신애는 선뜻 대답하고 약간 있던 물건과 점자 찍는 기구와 점자책을 주섬주섬 싸 가지고 나섰다. 신애는 정들었던 큰 대문을 나섰으나 어디로…… 갈 곳이 없다. 이모 사촌 언니네 집에는 하도 간곤하게 지내니까 다시 갈 수가 없다. 교회 전도 부인에게도 갈 형편이 못 된다. 전에도 너무 신세를 졌는데 어떻게 또 가서 폐를 끼칠 수 있을까.

설혹 갈 데가 있다 해도 혼자서는 갈 수가 없다. 한 반 동무들(옥희나 남학생들)은 종로거리를 마음대로 싸다니고 전차도 타고 다닌다.

'차라리 소경이 될라면 배 안에서부터 눈이 멀어 나오든지, 어려서부터 소경이 되든지 했더면 좋을걸!'

이런 한탄을 하면서 허청허청 전찻길 쪽으로 나가고 있었다.

"바바바, 바바바."

벙어리 강 서방이 바삐 따라오면서 신애의 보따리를 빼앗는다. 고맙지만 강 서방은 듣지를 못하니깐 이야기가 통하지를 못하는 형편이라 데리고 갈 수가 없다. 그래도 두 사람은 방향없이 갈 수밖에 없다.

"신애 언니, 어디 가요?"

한 교장의 작은딸이다.

"아이구, 명애야? 나……."

"아부지가 언니 데려오라고 하셔서 그래서 왔어. 언니, 어서 빨리 가."

"강 서방을 어떻게 하나, 강 서방도 못 있을 텐데……."

"강 서방은 그만둬요, 강 서방은 일을 잘하니깐 일없어. 언니나 어서 가요."

명애는 신애의 팔죽지를 칵 잡아당겼다.

"옳지, 내가 실례했어 언니. 보지 못하는 이를 이렇게 잡아끄는 게 아니라고 아버님이 늘 그러셨지. 언니, 내 팔을 꼭 붙잡아요. 보지 못하는 이가 맘대로 붙잡게 한다니깐."

두 사람은 효자동 종점으로 가서 전차를 타려고 기다리고 있었다.

"재수없다. 아침부터 장님을……."

막 전차에서 내리는 손님이다. 금테 안경을 쓰고 뚱뚱한 마누라가 중얼거리는 것이다.

명애는 신애에게 대하여 미안한 마음에 '흥.' 하면서 전차를 탔다.

"신애가 왔어요, 어머니."

"신애 벌써 오는구나, 신애, 어서 들어오너라."

어딘지도 모르는 서투른 동네에 조용한 방을 얻어 가지고 있는 한 교장 —— 지금은 한 교장이 아니요, 한 목사이었다.

"내가 어디 좀 피신해 있는데 집에서 이 집을 얻어 연락해서 지난 밤에 왔구나. 그만 너를 데리고 오지 못해서 여간 궁금하지 않았는데…… 잘 왔다."

신애는 한 목사의 손을 붙잡고 엎드려서 울음이 터져 나오는 것을 억지로 참았다.

"지금 막 아침 예배를 보려고 하던 참이다. 찬송가는 그만두구 성경만 보고 기도만 하련다. 자, 일어나거라, 신애야."

흐덕흐덕 느껴울면서 엎드려 있는 신애를 일으킨 한 목사는 가만가만히 성경을 읽는다.

"요한 복음 구장 첫절부터 보아요. —— 예수께서 길 가실 때부터 소

경된 사람을 보신지라, 제자들이 물어 가로되, 랍비여 이 사람이 소경으로 난 것이 뉘 죄로 인함이니이까? 예수께서 대답하여 가라사대, 이 사람이나 그 부모가 죄를 범한 것이 아니라 그에게서(그를 통하여) 하나님의 하시는 일을 나타내고자 하심이니라 ——."

한 목사는 계속해서 말한다.

"내가 전에도 신애하고 이 말씀을 읽은 일이 있지만, 나면서부터 보지 못하는 이나 중간에 실명한 이나 자기 죄로 인한 앙화를 받는 것이 아니라, 그런 불행을 통하여 하나님의 하시는 어떤 귀중한 일을 이루시려는 것이다. 또 지금 우리가 이런 고난을 당하는 것두 우리 죄가 없는 건 아니지만, 우리 죄가 많지. 그러나 우리 죄보다두 하나님의어떤 뜻을 나타내시려는 섭리도 되는 것이니, 그런 줄 알구 낙심하지 말구 신앙으로 받아 감당해야 하는 것이다."

한 목사의 짧고도 간곡한 기도가 끝난 다음에 식구들은 〈주의 기도〉를 가만가만히 외었다.

"선생님, 선생님이 무슨 죄가 있어요? 저 윤 선생이 밀고를 한 거지 뭐야요. 그리구 윤 선생하구 교감하구 노는 꼴이 참 우스워요. 그리구 제게는 옥희라는 적이 또 있었지요."

"아니야, 적이 어디 있어. 윤 선생이구 옥희구 다 몰라서 그렇지. 이제 후회할 날이 있지……. 미운 사람이 있으면 내 맘만 괴롭거든."

모든 일을 각오한 한 교장은 모든 일을 신애보다 잘 알고 있었던 것이다.

"한 목사님, 한 목사님, 목사님 계셔요?"

밖에서 가만가만히 찾는 사람은(그 목소리는) 평소부터 가까이 지내고 한 목사를 존경하는 젊은 전도사이다.

"어떻게 여길 찾아오셨소? 다 무사하시우?"

한 목사는 전도사를 붙잡아 들여앉히고 다시 처소를 바꿀 의논을 하고 있었다.

이 말이 채 끝나기도 전에 밖에서 수선거리는 기색이 있더니 대문을 두드리는 요란한 소리가 들린다.

"누가 찾아요. 목사님을 찾아요."

"내, 내가 한 목사요."

구둣발로 더벅더벅 복도를 밝고 들어오는 인민군들을 보고 다른 식구가 나설 새도 없이 한 목사 자신이 나선다.

"당신이 한 목사지요? 잠깐만 가십시다. 물어볼 말이 있다구 정치 보위대에서 좀 오시랍니다. 자, 갑세다."

좌우편에서 한 목사를 붙잡으려는 듯이 두 녀석이 한 목사 좌우 옆으로 썩 나선다. 한 목사는 조용히 그들의 뒤를 따랐다. 전도사는 잠깐 앉았다가 가 버리고 세 식구는 얼빠진 사람들처럼 먼 산만 바라보고 있었다.

한 목사는 어디로 갔는지도 모르고 종내 소식이 없었다. 신애도 한목사네 가족과 몇 날을 지낼 수 밖에 없었다.

사모님과 명애는 날마다 나가 다녔으나 종내 소식을 알 수가 없어서 그냥 돌아왔다.

"언니, 우리 아버지 어떡하지! 세상이 장차 어떻게 되지? 아이구, 속 상해."

사모님은 나가고 명애는 울고 있었다.

"명애, 너무 근심하지 말아요. 이제 다 바루 설 걸 왜그 래. 몇 날 안 가서 바루 될 거야. 좀 참아, 응, 명애."

신애는 이렇게 명애를 위로하였다. 사실 신애의 앞은 환하였다. 앞날의 일이 환했다.

흰 닭

1

우리 집에는 한동안 햇닭 세 마리가 있었다. 다 같이 암탉이었으나 그중 한 마리는 흰 닭이었다. 그 흰 닭은 처음에 사 올때부터 우리의 주의를 끌었다. 그 하얀 털의 고른 것과 그 기름기 있는 빛깔이며, 또 고개를 까뜩까뜩하며 다니는 그 걸음걸이가 어떻게 예쁘고 점잖은지 사람으로 치면 분명히 공주의 위격을 가졌다.

2

그립던 벗이 먼 곳으로부터 왔다. 멀리서 온 벗을 무엇으로써 차려 대접할까. 나는 어려서부터 끔찍이 반갑고 은혜스러운 손님에게는 종자 암탉을 잡아 대접하는 이야기를 많이 들었고, 또 내가 몸소 나그네가 되었을 때에 닭으로 대접받은 일이 흔히 있었다. 더구나 여러 가지로 맛나고 빛나는 요리를 만들 줄은 모르기도 하려니와 복거리 여름이라, 만들기가 괴롭기도 하여서 간단히 있는 닭을 잡아 대접하기로 내 아내와 작정하였다. 그러나 이것은 적지 않은 희생이요, 또한 큰일이다. 왜 그런고 하니, 그 닭은 약에 쓰려고 사 왔던 것이요, 닭을 잡으려면 내가 손수 그것을 죽이지 않으면 안 되는데, 내게는 그것이 여간 큰일이 아니다.

내가 닭을 죽이기 시작한 것은 딴살림을 시작할 때부터였다. 죽이기가 퍽 끔찍하고 잔인스럽지만, 여편네들은 못하나 사나이로서야 그까짓것을 못하랴 하고 마음을 단단히 먹고 시작하였다. 그러나 붙들려서 펄떡펄떡거리고 목을 베어서 피가 많이 나온 뒤에도 살겠다고 푸덕푸덕 요동을 할 때마다 꽤 거북하였다.

이번에도 또 불가불 닭을 잡게 되었다. 아직 사 온 지가 몇 날이 못되어 발목에 노끈을 맨 대로 그냥 있다. 암탉 세 마리는 이제 죽을 줄도 모르고 알 낳는 닭이 수탉 찾는 이상한 소리를 하면서 붙들어매인 끄나풀을 졸졸 끌고 먹을 것도 없는 뒤뜰에서 모이를 찾는지 여기저기 왔다 갔다 땅을 쫀다.

나는 도둑 잡으려는 순경처럼 뒤로 살살 따라가다가 끌고 다니는 끈을 밟아서 그 한 놈을 잡았다.

잡아서 두 발을 맞붙들어 매어 광 안에 내던졌다. 방금 옆에 있는 제 동무가 잡힐 때에 약간 놀란 듯이 잠깐 피하던 다른 놈은 또 여전히 발로 땅을 헤치고 먹을 것을 찾고 있다. 나는 또 같은 방법으로 끌고 다니는 끈을 밟아서 잡았다.

나는 부엌칼을 장 항아리에 갖다 대고 잠깐 갈았다. 붉은 녹이 없어지고 시퍼렇게 날이 섰다.

작은 공기 하나를 가지고 대문간으로 갔다. 한편 발로 붙들어매인 두 발을 꽉 밟고 한편 발로 두 죽지를 겹쳐서 밟고 모가지를 잡은 다음에 털을 좀 뜯었다.

그리고 칼로 거기를 몇 번 베었다. 몹시 아프고 괴로운지 펄떡펄떡

두 발을 놀리고 온몸을 푸덕푸덕한다.

나는 더욱 발에다 힘을 주고 손에 힘을 주어 목을 꽉 붙잡고 또 몇 차례 베었다. 닭의 목에서는 붉은 피가 줄줄 흘러서 공기에 방울방울 떨어진다. 한참 붙들고 피가 나오고 죽기를 기다렸다.

손아귀가 아프도록 붙잡고 있었는데도 그래도 좀 약하기는 하나 이따금 몸부림을 친다. 나는 잊어버렸던 듯이 얼른 숨구멍을 찾아서 베었다. 그랬더니 씨르륵 소리가 나고, 한 번 푸르르 떨더니 그만 늘어진다. 그래서 인젠 죽었구나 하고 그러면서도 튼튼히 하노라고 목을 비틀어서 죽지 속에 넣고, 발목 매인 끈으로 몸뚱이를 얽어 매어서 한편 모퉁이에 내던지고, 그리고 다음 놈을 죽이려고 달라붙었다.

처음에 하던 모양으로 또 한 놈의 목을 붙잡고 칼로 목을 베고 있는데 뜻밖에 옆에서 푸덕푸덕 소리가 난다.

나는 깜짝 놀라서 쳐다보니까 먼저 죽여 놓은 놈이다. 꼭 죽은 줄 알았던 놈이 아직도 펄떡펄떡 뛰며 이리저리 뒹굴고 있다. 나는 속으로 이놈이 아직도 살았나 하고, 거기에 떠나간 행랑 사람이 부엌 소용으로 갖다 놓았던 다듬잇돌 깨어진 것으로 질러 놓았다. 그러고 나서 한 놈을 마저 죽여 놓았다. 이번에는 피가 나오고 숨통까지 잘라도 졸연히 죽지 않아서, 목을 베고 베고 자꾸 베다가 아주 잘라 버렸다. 몸뚱이와 딴 토막이 나 버렸다.

이 모양으로 두 놈을 잡고 나니까 가뜩이나 더운 때라 등에 온통 땀이 배었다.

이것도 벌써 몇 번 해서 익어났기 그렇지, 처음에는 서툴러서 목을 베어서 피가 잔뜩 흐른 놈이 별안간 요동을 해서(그건은 발로 잘 밟지 못하고 숨통을 자르지 않았거나 혹은 워낙 기운 센 놈이기 때문에) 피가 온통 옷에 튀고 얼굴에까지 튀게 된다. 이런 때는 손발이 떨리는 것을 나는 악을 써서 어떻게든지 죽여 놓는다.

이 때에 끼약 하는 마지막 소리가 이상스럽게 귀에 울린다. 그리고 다 죽은 줄 알았던 놈이 펄떡펄떡 공중에 뛰어오르는 것을 보고 무섭기도 하고 가엾기도 하고 이상하였다. 제 원수 되는 나를 저주하는 듯도 하였다.

그래 다시는 이 일을 아니하겠다고 생각한 일도 있었다. 그래도 이제는 익어서 아무렇지도 않다. 별로 힘을 안 들이고 한다. 그래도 이번에는 다 죽었던 놈이 펄떡거릴 때에는 저를 죽인 원수를 저주나 하는 듯하였다. 아무려나 목숨이 살려고 끝끝내 애쓰고 죽지 못해 펄떡거리는 것을 보고 당장에 같이 목숨을 가진 사람은 무심히 볼 수 없다. 차마 못할 짓이다.

3

그런데 내가 이번에 잡아 죽인 두 마리는 다 공주닭(흰 닭)은 아니었다. 이 날에 두 마리만 잡기로 하였으나 어찌하여 흰 닭 한 마리만 남고 다른 두 마리가 붙잡히었는가. 두 마리만 잡기로 작정이 있었으나, 흰 닭은 두어 두고 다른 두 마리만 잡기로는 가정 회의 의결에도 없었거니와 내 마음에도 아무 작정이 없었다.

그리고 흰 닭은 숨거나 달아나고 다른 두 놈만 잡히기 쉽게 있어서 손쉽게 붙든 것도 아니었다. 세 놈이 다 몰려다니고 다같이 붙들어매인 끈을 끌고 다니었었다.

그러나 내가 다른 두 놈만 붙잡고 흰 것을 아니 붙잡은 것은 다만 그것이 흰 것이라는 것밖에 까닭이 없었다. 지금 생각해 보니까 흰 놈은 다른 것과 같이 정신없이 먹을 것을 찾지 아니하고, 그 기름기 있는 털이 곱게 덮인 대가리를 약간 쳐들어서 까뜩까뜩하면서 하늘을 쳐다보고, 남보다 분명히 점잖은 태도를 가지고 걸음걸음을 하였다. 그래 그것은 잡아먹을 것이 아니요, 우리 집에 있는 손님이나 식구처럼 생각되어 그냥 둔 듯하다.

아니, 그보다 우리 집 동쪽 모퉁이에 심은 보잘것없는 화단에 있는 봉선화나 백일홍이나 금잔화같이 생각된 것이다. 왜 그런고 하니 그 흰 닭에 대하여는 잡으려는 뜻도 아니 가지고, 다른 닭을 잡을 때에 그 편으로는 발도 향하지 않고 눈도 거들떠보지 아니하였다.

아무려나 세 마리 가운데서 다른 두 마리는 죽고 흰 닭 한 마리만 살았다. 그러나 다른 두 마리는 잡힐 때에 어찌하여 하필 우리만 잡는가 하고 원망하는 것 같지도 아니하고, 흰 닭은 그 안 잡히는 것을 기뻐하거나 자랑하는 빛도 아니 보였다.

잡힌 두 놈이 우리만 죽는 것도 운명이다, 하는 것 같지도 아니하고 흰 닭이 너희가 죽는 것도 운명이요, 내가 사는 것도 운명이다, 하고 운명론을 가지는 것 같지도 아니하였다. 같이 살던 동무 둘이 잡혔으니 나도 그 모양으로 잡힐 터이지, 하고 두려워 떨고 있는 것 같지도 아니하다. 그저 한 모양으로 사알살 돌아다녔다. 벌써 붙들어맨 것도 풀어 주었다. 그러나 달아날 듯싶지도 않다.

그런데 그 날 저녁 일이다. 손님을 대접한 뒤에 저녁상을 물리고 손님들도 아직 가지 아니하고 앉아서 이야기들을 하고 있는데, 누가 (아마 잠시 손님으로 유하시던 우리 누님 같다.) 소리친다.

"닭이 없어졌다!"

흰 닭이 없어졌다는 이 소리가 내게 무슨 큰 변 난 소리처럼 들렸다. 흰 닭이 없어졌어? 그럴 리가 있나 하면서 퍽 이상스럽게 생각되었다. 누님은 여기저기 좀 찾아보시다가, 나중에는 촛불을 켜 가지고 대문간가 뒷간과 뒤뜰을 온통 찾아보았으나 종내 찾지 못하였다.

그래서 여러 사람의 공론은 이러하였다. 혹은 어두우니까 어디를 나가서 박혀 자겠지, 혹은 잘 데라고 남의 집 담장으로 올라갔다가 붙들리었겠다 하고 이웃집을 의심하고, 혹은 어둡기 전에 밖에 나가고 안 들어왔다고 한다. 그런데 내 생각에는 처음 것도 아니요, 둘째 것도 아니요, 마지막 것과 합하였다.

종내 나가 버렸군, 나는 이렇게 생각하였다. '아무 생각도 없이 곱게 집안에 있는 줄 알았더니 종내 나가 버렸군. 은연중에 우리는 자기를 사랑하여 왔지만 그래도 우리를 믿을 수 없던지 그만 달아나 버렸군. 암만 그래도 며칠이 못 되어 네 손으로 또 내 목을 베어서 나를 지져놓고 둘러 앉아 웃고 지껄이며 즐기고 놀지. 지금 그러는 모양으로……. 나는 간다.' 이렇게 생각하고 나간 것 같다. 필경 우리가 한참 정신없이 닭고기를 먹으며 이야기하던 꼭 그 때에 나갔다. 우리가 저희 동무의 고기를 먹으며 아무 생각도 없이 즐기고 있는 것을 뜰 한모퉁이에서 보다 못해, 혹 마루 밑에서 듣다못해 나간 버린 것이다.

그래서 그 날 밤에는 잘 자리에서도 흰 닭 생각이 나서 이리저리 생각을 하였다.

잠이 깊이 들기도 전에 역시 누님 목소리로 '닭이 있다.' 하는 소리에 잠이 깨어 벌떡 일어났다. 나가 버린 줄 알았던 닭이 참말 있다. 툇마루 모퉁이에 큰 테이블이 있고 그 위에 책들을 함부로 쌓아 두었었는데, 닭이 그 위에를 자기 잘 자리로 정하고 웅크리고 있다.

그런 것이 마루에 켜 놓은 전깃불이 비쳐서 자지를 못하고 꾹꾹 소리를 하는 것을 누님이 듣고 그러신 것이다. 누님과 아내는 퍽 기뻐한다. 나도 기쁘다.

누님은 앨써 찾으시던 것이 있으니 기뻐하는 것이요, 아내가 기뻐하는 것은 닭 한 마리를 잊어버리지 아니하고 찾았음이다.

그러나 내가 기뻐하는 것은 앨 써 찾던 것이 있음도 아니요, 닭 한 마리를 잃는 손해를 보지 아니함도 아니요, 공주닭이 없어지지 아니하고 있음이다. 공주닭이 저녁에 생각하였던 바와 같이 나를 돌이켜 흘겨보고 '나는 간다.' 하고 나가지 아니함이다.

그래서 나는 공주닭이 나간 불안과 이웃집을 의심하는 의심도 없어지고 마음놓고 다시 잠이 들었다. 그리고 자리에 누워서 혼자 생각으로, 인젠 저놈을 기르리라 하였다.

그 다음에는 비는 아니 오고 매일 내리쬐어서 어떻게 더운지 마치 사람이 화로 속에 사는 것 같았다. 흰 닭도 더위를 못 견디어 낮에는 나무 밑에 가만히 엎드려 있고 선선한 저녁때에는 슬금슬금 밖에 나갔다가도 이내 들어오곤 한다. 그리고 어두우면 툇마루 책상에 놓인 책 위에 올라가 잔다.

아침 저녁에는 메풀이(세살 먹은 우리 집 애)를 시켜서 양식은 쌀에서 고른 뉘로 모이를 주게 하여 먹인다. 그만하면 이제 흰 닭은 우리 집 식구가 되었다.

4

나는 석왕사*에 한 두어 주일 동안 있다가 돌아왔다. 나는 오면서 차에서 공주닭이 어떻게 되었노, 생각을 하였거니와 석왕사에 있는 동안에도 여러 번 생각하였다. 저녁때에 차에서 내려 들어와서 옷을 벗고 숨을 돌린 뒤에 돌아보니까 뜰에서 사알살 돌고 있을 닭이 안 보여 이상스럽게 생각하였다.

혼자 생각으로 종내 나갔나? 그만 잡아먹었나? 하였으나 닭의 말부터 먼저 묻기가 무엇해서 아무 말도 않고 있었다. 저녁을 먹은 후에 나는 종내 물어보았다.

"흰 닭이 어떻게 되었소?"

---

* 석왕사(釋王寺) 함경 남도 안변군 설봉산에 있는 절. 조선 태조 때 무학 대사가 지은 절로, 태조 이성계와 깊은 인연이 있어 조선 시대 왕실로부터 상당한 보호를 받았음.

"잡아먹었어요. 이가 잔뜩 끓어서 죽어 가는 것을 석유를 발라 주었더니 그래도 낫지 않기에 그만 잡아먹고 말았어요."

아내는 이렇게 이야기 하였다. 나는 이 말을 듣고 퍽 섭섭하였다. 나는 운명을 생각하고 그리고 이번 석왕사에서 들은 설교가 생각났다. 살생한 사람이 가는 끔찍한 지옥 이야기. 그 중에도 달걀을 늘 구워 먹던 아이가 섶나무 불이 깔린 방에 갇혀서 안타까워 왔다갔다 하다가 발이 데어 죽는다는 이야기를 생각하였다.

그 날 저녁에 자려고 하는데 툇마루 테이블 위에서 닭이 꾹꾹 하는 소리가 들렸다. 그 후에도 이따금 내 머리에는 '공주닭' '흰 닭' 이런 생각이 지나갔다.

유진오

김 강사와 T교수

창랑정기

김 강사와 T교수

1

문학사 김만필은 동경 제국 대학 독일 문학과를 우수한 성적으로 졸업한 수재이며 학생 시대는 한때 문화 비판회의 한 멤버로 적지 않은 단련의 경력을 가졌으며 또 학교를 졸업한 후에는 일 년 반 동안이나 실업자의 쓰라린 고통을 맛보아 왔지만 아직도 '도련님' 또는 '책상물림'의 티가 뚝뚝 듣는 그러한 지식 청년이었다.

S전문 학교 교문을 들어선 택시가 기운차게 큰 커브를 그려 육중한 본청 현관 앞에 우뚝 섰을 때에는 벌써 김만필의 가슴은 두근거리기 시작하였다.

오늘이 이 학기 개학하는 날이라 학생들은 둘씩 셋씩 떼를 지어 웃고 떠들고 하면서 희희낙락하게 교문을 들어가고 있었다. 저 학생들……저 다 큰 학생들을 앞에 놓고 내일부터 강의를 하는 것이로구나 하고 생각하니 몹시 기쁘기도 하나 일변 겁이 나서 가슴이 두근거리는 것이었다. 김만필은 세내 입은 모닝의 옷깃을 가다듬고 넥타이를 바로잡아 위의를 갖춘 후에 자동차를 내렸다. 그윽한 나프탈렌 냄새가 초가을 아

침의 신선한 공기와 함께 새삼스레 코를 찔렀다. 그는 천천히 일 원짜리를 한 장 꺼내 주고 거스를 필요는 없다는 의미로 손짓을 하고 무거운 정문을 열고 들어갔다.

오늘은 김만필의 그의 울울턴 일 년 반 동안의 룸펜 생활을 청산하는 날이며, 새로이 이 전문 학교의 선생으로서(시간 강사로나마) 취임하는 날이며 또 이도 또한 이번에 새로 임명된 이 학교 교련 선생과 함께 취임식의 단 위에 오르는 날이었다. 그러므로 그가 기쁨에 가슴을 두근거리며 이 학교 교문을 들어선 것은 이상해 할 일이 아닌 것이다.

현관을 들어서서 한참 어리둥절하다가 그는 겨우 수부에 가서 교장실이 어디냐고 물었다. 누구냐고 되묻는 것을 명함을 내주며 자기는 이번에 이 학교 독일어 선생으로 새로 임명된 사람이라고 대답하니 그제서야 사무원은 몸을 납신하고 '아, 그러셔요.' 하면서 이 복도를 오른쪽으로 꺾어 바로 둘째 방이 교장실이라고 일러 주었다.

교장실은 넓고 화려하였다.

교장은 그 넓은 방 한복판에 커다란 테이블을 앞에 놓고 두툼한 회전의자 위에 버티고 앉아 있었다. 마치 김만필이가 들어오기를 기다리고 있었던 것이나시피. 이왕에 김만필은 교장을 그의 사택으로 찾아간 일이 사오 차나 있었지만 그 때에는 김에게 대하는 태도가 몹시 친절한데다가 교장의 생김생김이 쭈그렁 밤송이 같았으므로 마치 시골집 행랑 아범이나 대하듯이 몹시 만만했는데, 이 날 아침 교장실에 와서 그는 교장이요, 자기는 일개 시간 강사로서 마주 대하니 고개가 저절로 숙어지는 것을 어쩔 수 없었다. 거기다가 교장의 태도는 전과는 아주 딴판으로 독난 뱀 모가지같이 고개를 반짝 뒤로 젖히고 있어서 속으로는 꼴 같지 않기 짝이 없었으나 큼직하게 유덕스레 생긴 사람보다도 도리어 더 무서웠다.

"어! 잘 오셨소. 자 이리 와 앉으시오."

교장은 목소리를 지어가며 테이블 앞에 놓인 의자를 가리켰다. 말할 때에 그는 두볼의 주름살 한 줄기 움직이지 아니하였다. 김만필은 몸이 오그라지는 것을 느끼며 황송해 의자에 앉았다.

"우리 학교에 이왕에 오신 일이 있던가요. 아마 처음이죠?"

"네, 처음입니다."

"어때요. 누추한 곳이라서……."

"천만에요. 정말 훌륭합니다."

김만필은 교장실 창에 반쯤 걸어 놓은 호화스런 커튼으로 눈을 옮기며 대답하였다. 커튼은 정말로 훌륭하였다.

교장은 테이블 위에 놓인 종을 서너 번 울렸다. 급사가 들어오나 했더니 옆방으로 통하는 문이 열리며 뚱뚱한 모닝을 입은 친구가 허리를 굽실굽실하며 들어왔다.

"여보게, 그것 가져오게."

"핫."

뚱뚱한 친구는 교장의 말이 끝나기도 전에 허리를 굽실하고 도로 나갔다.

잠깐 있다가 그는 무슨 종잇조각을 들고 들어와 교장에게 전했다. 교장은 김만필에게,

"김만필 씨, 이것이 당신 사령서입니다. 자 이리 오시오."

김만필은 공손히 걸어가 사령서를 받아들고 허리를 굽혔다.

"인젠 자네도……."

김만필이 허리도 채 펴기 전에 교장은 그의 머리 위에 대고 말을 퍼부었다.

"우리 학교의 한 직원이니까 우리 학교를 위해 전력을 다해 주게. 더구나 우리 학교에서 조선 사람을 교원으로 쓰는 것은 자네가 처음이니까 한층 더 주의하고 노력하도록 하게."

"핫."

김만필은 아까 그 뚱뚱한 친구가 하던 그대로 거의 반사적으로 허리를 굽히지 않을 수 없었다.

"에……, 그리고 김군. T군을 소개하지. 우리 학교 교무일을……."

교장이 말도 맺기 전에,

"내가 T올시다."

하며 뚱뚱한 친구는 몹시 친절하게 허리를 굽혔다. 김만필은 아까는 그를 경멸의 눈으로 보았지만 지금 그가 이 학교 교무를 보는 이인 줄을 알고 더구나 이렇게 공손하게 자기한테 하는 것을 보니 도리어 황송해서 그보다도 한층 더 허리를 굽혔다.

"자, 저 방으로 가서 기다립시다. 곧 식이 시작될 테니까. 이번에 새로 오게 된 교련 선생 A소좌도 벌써 와 계십니다."

T교수는 앞서서 김만필을 그 옆방 교무실로 안내하였다. 교무실에는 A소좌가 긴 칼을 짚고 만들어논 사람같이 단정하게 앉아 있었다. 모든 것이 김만필에게는 어째 꿈나라에나 온 것 같았다.

김만필과 A소좌의 취임식은 개학식 끝에 간단하게 거행되었다. 위엄을 차리느라고 한층더 눈에 살기를 띤 교장이 먼저 단 위에 올라가 김만필을 동경 제국 대학 출신의 보기 드문 수재라고 소개하고 이어 이번에 새로 교련을 맡아보게 된 A소좌는 그의 경력과 인물에 대해 자기로서 감히 어떻다고 말할 생각도 없으며 다만 이번에 특히 그의 분주한 사무의 틈을 타 우리 학교 일을 보아 주게 된 데 대하여 감사의 말을 드릴 뿐이라는 인사를 한 후에 김만필과 A소좌는 동시에 단 위로 올라갔다. 얼굴이 창백하고 몸이 가는 김만필이 앞서서 나프탈렌 냄새를 피우며 층대를 올라가고 바로 그 뒤에 검붉은 햇볕에 탄 얼굴과 강철 같은 체격에 나이도 김만필의 존장뻘이나 됨직한 A소좌가 가슴에 훈장을 빛내며 유유히 따랐다. 강당 안에 가득 찬 학생들은 이 진기한 행진에 거의 무의식적으로 웃음을 터뜨릴 뻔하였으나 '기오쓰곗' 하는 체조 선생의 일갈로 겨우 참았다. 김만필과 A소좌가 나란히 단 위에 서자 체조 교사는 다시 '게이레잇' 하고 외쳤다. 동시에 수백 명 검은 머리가 일제히 숙였다.

생각하면 S전문 학교의 신임 교원 취임식이 이렇게 장엄할 줄이야 미리부터 모를 바 아니었지만 막상 눈앞에 대하고 보니 김만필은 기가 막혀 정신을 차릴 수 없었다. 자기는 무엇으로 수백 명 학생의 경례를 받을 가치가 있는가. 김만필은 예를 받고 섰는 그 짧은 동안에 착잡된 모순의 감정으로 그의 과거와 현재를 생각하였다. 대학 시대에 문화 비판회의 한 멤버이었던 일, 졸업하자 '취직'을 위해 일상 속으로 멸시하던 N교수를 찾아갔던 일, N교수로부터 경성의 어떤 유력한 방면으로 소개장을 받던 일, 그리고 서울로 돌아온 후 수차 조선 일보, 동아 일보 등에 독일의 좌익 문학 운동을 소개하던 일, 그리고 H과장의 소개로 작년 가을에 이 S전문 학교 교장을 찾던 일……이 모든 기억은 하나도 모순의 감정 없이 생각할 수 없는 것이었다. 인생의 모순의 축도를 자기 자신이 몸소 보이고 있는 것같이 생각되었다. 지식 계급이란 것은 이 사회에서는 이중 삼중 사중, 아니 칠중 팔중 구중의 중첩된 인격을 갖도록 강제되는 것이다. 어떤 자는 그 수많은 인격 중에서 자기의 정말 인격을 명확하게 쥐고 있다. 그러나 어떤 자는 자기 자신의 그 수많은 인격에 현황해 끝끝내는 어떤 것이 정말 자기의 인격인지도 모르게 되는 것이다. 그러면 지금 자기는 이 두 가지 중의 어느 것인가?

이 모든 생각이 김만필의 머리를 번개같이 지났다. 그는 학생들이 경례하고 있는 그 짧은 시간이 지긋지긋하고 지리하게 생각되었다. 어째 눈이 핑핑 도는 것 같고 다리가 떨리는 것 같았다.

식이 끝나고 강당을 나올 때 T교수는 친절히 김만필……아니 김 강사의 옆으로 오며,

"긴상, 몹시 약하시구먼. 얼굴빛이 대단히 좋지 않은데요. 어디 괴로 우십니까?"

하고 물었다.

"아뇨. 별로 몸에 고장은 없읍니다마는……."

김 강사는 등에 식은땀이 흐른 것을 느끼며 대답하였다.

2

김만필은 생전 처음 서는 교단이라 실수를 하지 않으려고 그 날 밤은 늦도록 공부하였다. 학생들의 독일어는 거의 '아, 베, 체' 부터 가르치는 것이나 다름없는 것이었지만 그래도 실수가 있을까봐 '아, 베, 체' 하고 발음 연습까지 해 보았다.

아침의 교원실은 요란스럽기 짝이 없었다. 선생님들은 기운찬 소리로 의미없는 회화를 껄껄거리며 끝없이 계속하였다. 김 강사는 원래가 말이 적은 데다가 신마에고 보니 어디 가 말 한 마디 붙여 볼 용기가 없었다. 교원실의 그 소동을 피해 신문실로 들어가 새로 온 독일의 그림 신문을 펴 들고 있노라니 문이 열리며 T교수의 벙글하는 친절한 얼굴이 나타났다.

"어어 여기 와 계셨읍니까. 신진 학자는 다르시군."

김 강사는 의미없이 얼굴을 붉히며,

"어떠십니까. 오늘은 매우 산들산들합니다."

하고 인사에 궁했다.

T교수는 신문실로 들어와 김 강사 옆에 와 앉으며,

"바로 이번 첫째 시간이 당신 시간이지요?"

"네."

"허…… 무어, 어련허실 거 아니지만 그래두 당신은 교단에 서시는 것이 처음이 되니까. 더구나 우리 학교로 말하면 조선학생이 섞여 있으니까 한층더 해나가기가 어렵습니다. 그리고 학생들의 버릇이란 처음 오는 선생, 더군다나 당신같이 젊은 선생에게는 쓸데없는 질문을 자꾸 해 괴롭게 굽니다. 나도 역시 그전에 당한 일입니다만 말하자면 학생이 선생을 시험하는 게랄까요. 이 시험에 급제를 해야만 학생들을 다스려 나가지, 만일 떨어지는 날이면 뒤가 몹시 괴롭습니다. 허…… 어허……."

T교수는 말을 끝내고 호걸 같은 웃음을 폭발시켰다. 그러나 김 강사는 T교수의 친절을 감사하지 않을 수 없었다. 그런 일쯤이야 자기도 미리 짐작하고 있었던 바이지만 아무도 자기한테 좋은 말을 해주는 사람이 없는 이 때에 일부러 자기를 찾아와 이런 귀띔을 해 주는 것이 몹시 고마왔다.

T교수는 몇 마디 잡담을 더 하고 곧 일어나 나갔다. 뚱뚱한 몸을 흔들흔들하며 나가는 뒷모양이 김 강사에게는 몹시 믿음직해 보였다. 사실을 말하면 김강사는 과거에 문화 비판 회원이었던 것이 선생으로서는 '정강이의 흠집'인 데다가 이 학교를 오게 된 것도 초빙을 받아서 온 것이 아니라 이 학교 교장이 H과장서 밑에 꼼짝을 못하는 관계로 또 H과장은 보통 사제 이상으로 무슨 특별한 관계가 있는 동경 제대 N교수에게 대한 의리로, 이렇게 어쩔 수 없는 관계 때문에 어쩔 수 없는 김만필에게 일 주일에 네 시간의 강사의 자리가 차례로 온 것이었으므로 김만필은 이 학교 안에 우선 교장을 필두로 자기를 환영치 않는 공기가 있을 것을 예기하고 있었다. 교장은 정말로 김 강사를 싫어서 그러는 것인지 또는 그의 오종종한 성미 때문에 그렇게 보이는 것인지는 알 수 없으나 어쨌든 그를 별로 환영하지 않는 듯하지만 그것이 도리어 당연한 일이요, T교수같이 친절하게 구는 것은 예기치 못하였던 바이다.

학생들은 예상보다 얌전들 하였다. 김 강사는 교수의 말도 있고 해서

몹시 경계하였으나 아무 일도 없었다. 질문이 있을 때마다 김 강사는 이키 인제 왔구나 하며 원수나 만난 듯이 준비를 차렸지만 일부러 선생을 골탕먹이기 위한 질문은 하나도 없었다. 도리어 새로 온 젊은 선생에 대한 호기심으로부터 오는 동정의 빛이 보였다.

시간을 끝내고 교원실로 돌아오자 T교수는 친절하게도 또 찾아와서 처음 서는 교단의 감상이 어떠냐고 물었다.

"감상이 무어 별거 있습니까. 학생들은 생각더니보다 얌전하더구먼요."

김 강사는 학생들이 처음 온 선생에 대해 으레 해 본다는 그 시험에 자기가 합격이나 한 듯이 약간 득의의 웃음을 띠며 대답하였다.

"그렇지만 긴상, 얌전한 것은 표면뿐입니다. 별별 고약한 놈이 다 있으니까요. 미리 주의해 드립니다마는……."

하면서 T교수는 학교 수첩……학생들이 엠마쵸라 부르는 것……을 꺼내 김 강사 앞에 놓고 연필 끝으로 죽 훑어내려가다가,

"우선 이 스즈키란 놈만 해도 웬 고약한 놈입니다. 학교는 결석만 하고 모처럼 출석하면 선생한테 시비나 걸려 덤비고 교실에서는 장난이나 치고, 그리구 게다가 품행이 좋지 못해 여학생한테 편지질하기가 일쑤입니다. 스즈키뿐입니까, 옳지, 이놈 이 야마다란 놈도 그보다 더함 더했지 덜하진 않은 놈, 또 이 김홍규란 놈도, 옳지, 또 이 가도란 놈도. 도대체 이 반은 급장부터 맘에 안 듭니다. 학교 성적은 좋지만 성질이 못되어서……."

김만필은 T교수의 의외의 열변에 기가 막혀 가만히 그의 얼굴을 치어다보았다. 그의 눈은 충심으로부터의 미움에 타고 있었다. 신참자인 김 강사에게 들려 주는 친절한 조언으로서는 좀 정도가 지나치리라고 생각되리만큼.

"허지만……."

하고 김 강사는 T교수의 얼굴빛을 보아 가며 가만히 자기의 의견을 끼웠다.

"우리는 학생을 대할 때 좀더 허심탄회한 마음으로 대하여야 할 것이 아닌가요."

"허……."

하고 T교수는 조금 체면이 안된 듯,

"그야 물론 그렇지요. 허지만 학생들이 선생들의 그 친절을 받아 주지 않는 데야 어떡하오. 당신도 이제 좀 치여나 보시면 차차 내 생각에 가까워지십니다. 두고 보시오."

T교수는 마침 급사가 찾아왔으므로 그대로 교무계로 가 버렸다. 그

러나 김 강사는 몹시 우울하였다. T교수가 인격상 결점이 있는 것인가? 또는 자기가 아직 책상물림에 지나지 않는 것인가? 그러나 어쨌든 김 강사에게는 T교수에게 몹시 탈을 잡히던 스즈키란 학생이 도리어 흥미가 되었다.

3

며칠 지난 후 토요일 밤이었다. 김만필은 오래 찾아보지도 못한 H과장에게 치하의 인사를 하러 찾아갔다. H과장이 교장에게 억지로 떼를 쓴 것이 아니었더면 김만필은 도저히 S전문 학교에 자리를 얻을 수 없었을 것이다. H과장은 조선에 와 있는 관리로서는 퍽으나 평민적인 친절한 신사였다. H과장의 집은 북악산 밑 관사촌의 북쪽 끝으로 있었다. 저녁 후의 고요한 관사촌은 김만필의 발소리에 놀란 셰퍼드인지 무서운 개들의 짖는 소리로 몹시 요란스러웠다. 김만필이 H과장 집으로 들어가는 골목을 돌려는 순간 바로 등뒤에서 다른 사람의 발소리가 들렸다. 고개를 획 돌리자 바로 등 뒤에까지 온 그 사람의 얼굴과 거의 마주칠 뻔하였다.

"어!"

"어, 이거 누구시오."

두 사람은 거의 동시에 입을 열었다. 뒤에 온 것은 무슨 보퉁이를 낀 T교수였다.

"얏데루나(할 짓은 다 하는구면.)."

T교수는 김만필의 어깨를 툭 치며 비밀을 서로 통한 사람들끼리만이 서로 주고받는 그러한 미소를 띠었다.

"베쓰니 얏데루 와께데모 아리마셍가(별로 무슨 짓을 하는 것도 아닙니다.)."

"흥, 당신도 나는 책상물림으로만 알았더니 상당하구면."

T교수는 여전히 그 미소를 띠고 있었다.

"하긴 당신도 아시겠지만 나는 H과장의 힘으로 이번에 취직이 된 것이니까요. H과장은 나의 은인이니까요."

"그야 물론, 그렇지. 그렇구말구. 나는 H과장하고 고향이 한곳이라오."

"네 그러세요."

김만필은 더 할 말이 없었다.

T교수는 잠깐 무슨 생각을 하더니 별안간 H과장 집 부엌으로 들어가는 문을 열며 김만필을 보고,

"잠깐만 거기서 기다려 주시오. 우리 같이 들어갑시다."

"뭐요?"

"허……, 이거 왜 이러슈. 세상이란 다 이런 게 아니우?"

하며 T교수는 손에 들었던 물건을 한번 번쩍 쳐들어 보이고 부엌문으로 사라졌다.

김만필은 T교수가 가지고 들어간 것이 무엇인지를 깨달았다. 이꼴을 한번 학생들을 보여 주었으면……하고 생각하니 김 만필의 마음은 몹시 우울하였다.

부엌 속에서 하녀하고 무엇인지 쏘곤쏘곤하는 소리가 들리더니 곧 T교수는 도로 나왔다. 이번에는 들어갈 때와는 달리 몹시 위엄 있는 태도를 회복하고 있었다.

"기두르셨지요."

그는 김만필에게 간단히 말하고는 잠자코 앞서 가서 정면 현관의 초인종을 눌렀다.

그 날 밤 H과장 집에서 나온 후 T교수는 자꾸 어디든지 잠깐 차라도 마시러 같이 가자고 졸랐다. 김만필은 그것을 감사하게는 여길망정 거

절할 이유는 없었으므로 그를 따라갔다.

두 사람은 세르팡이라는 찻집으로 들어갔다. 이 집은 김만필도 몇 번 간 일이 있었으나 T교수는 매우 친히 아는 것 같았다. 카운터에 앉은 매몰스럽게 된 여자가 T교수가 문을 들어서자마자,

"아라 센세 . 이랏샤이마세. 즈이붕 오히사시부리네(아, 선생. 어서 오시오. 퍽 오랜만이오.)."

하고 정떨어지게 외쳤다. 무슨 의미인지 T교수는 입에다 손가락을 대고 쉬이쉬 하면서, 그러나 벙글벙글 웃으면서 구석 테이블을 차지하였다.

"홍차 둘, 위스키를 타다구."

T교수는 보이에게 주문을 하고 김만필을 보며,

"긴상, 어떠슈, 술을 잘하신다지요."

"천만에요. 조금만 먹으면 빨갛게 올라서……."

"이거 왜 이러슈. 소문 다 듣고 앉았는데, 허……어허……."

T교수는 의미 모를 너털웃음을 크게 웃고 나서,

"긴상, 긴상 일은 내 다 잘 알고 있지요. 벌써 작년에 H과장께 당신 말씀을 들었어요. 사실은……, 이거 무어 내가 공치사하는 게 아니라 당신을 교장에게 추천한 것도 사실은 내가 한 것이지요. 허…… 어……."

김만필은 T교수의 후림대와 너털웃음에 몹시 야비한 느낌을 받았으나 하여간 고개를 숙여 그에게 감사의 표정을 아니할 수 없었다. T교수가 무엇 때문에 자기를 추천한 것인지는 알 수 없었으나 적어도 H과장의 명령을 교장에게 전하는 일만은 하였음직한 일이었다.

T교수는 차를 한숨에 마시고 이번에는 알짜 위스키를 청하며,

"당신은 나를 모르셨겠지만, 나는 당신을 이왕부터 잘 알고 있었습니다. 사실은 저 작년부터 나는 조선말을 공부하느라고요."

김만필은 T교수가 하는 말을 알아들을 수가 없었다. T교수가 배우는 조선말과 김만필과의 사이에는 무슨 연락이 있단 말인가? T교수가 이 말을 하는 것은 김만필에게 친밀의 감정을 표시하기 위한 것 같았으나 김만필은 무슨 말이 또 나올는지 몰라 슬그머니 겁이 나는 것이었다.

"……조선말을 배우느라고 신문에 나는 소설과 논문을 학생더러 통역해 달래며 읽었는데 우연히 당신이 쓰신 〈독일 신흥 작가 군상〉이란 논문을 읽었어요. 정말 경복하였습니다. 독일 문학에 대해 당신만큼 연구와 이해가 깊은 이는 온 일본 안에도 적을 것입니다. 그래서 나는 H과장 집에서 당신 이야기가 났을 때 그런 분을 우리 학교에 맞았으면 얼마나 좋을 것인가 하고 속으로 대단 바랐던 것입니다. 허허허, 좋은 일입니다. 앞으로도 많이 써 주십시오."

김만필은 상처나 다친 듯이 속이 뜨끔하였다. 도대체 이런 말을 하는

T교수의 내심을 알 수 없었던 것이다. 작년 겨울에 조선 일보에 연재하였던 〈독일 신흥 작가 군상〉이란 논문은 몇 푼 안되는 원고료를 목표로 총총히 쓴 것에 지나지 않으며 더구나 그 논문의 내용은 독일 좌익 작가의 활동을 소개한 것이므로 지금 그런 종류의 일은 그의 S전문 학교에서의 지위를 위해서는 절대로 비밀에 붙여야 할 것이다. 그러므로 이러한 비밀을 T교수가 일부러 쳐들어 칭찬하는 것은 칭찬이라느니보다 도리어 위협으로 들렸다. 도대체 T교수는 무슨 까닭으로 김만필에게 친절을 억지로 보이려는 것일까, 모를 일이었다.

세르팡을 나왔을 때에는 둘이 다 얼근히 취하고 시간도 열한 시가 지났었다. 그러나 T교수는 어디든 한군데 더 다녀 가자고 놓지 않았다. T교수는 몹시 명랑한 태도로 앞장을 서서 바하트 암 라인을 콧노래로 부르며 아사히마찌(욱정) 어느 뒷골목 깨끗하게 차린 오뎅집 노렝을 젖히고 안으로 들어갔다. 여기에도 그는 가끔 오는 눈치인 것이 삼십이 넘을락말락한 게이샤(기생) 퇴물인 듯싶은 여자가 아까 세르팡의 마담이 외치던 것과 똑같은 소리로 외치는 것으로 알 수 있었다. 다만 '센세'를 '센세이' 라고 발음하는 것만이 달랐다.

김만필과 T교수가 그 오뎅집을 나왔을 때에는 둘이 다 비틀걸음을 쳤다. 삼월 백화점 앞에 와서 T교수는 단장을 들어 지나가는 택시를 불렀다. 걸어가겠으니 택시는 일없다고 김만필이 사양하니까 전차도 끊어졌는데 여기서 동소문 안까지 어떻게 걸어가느냐, 당신 집이 우리집에서 가깝지 않으냐, 라고 T교수는 말했다.

"아니 우리 집은 어떻게 아십니까?"

김만필은 너무나 의외여서 물었다.

"아다마다요. 더러 댁 문 앞으로 지나다니는걸요. 긴상 문패가 붙었기에 그저 그런가 했지요. 우리 집은 긴상 댁에서 바로 거깁니다. 그저 C씨의 커다란 문화 주택이 있지 않습니까. 바로 그 밑입니다. 인제 자주 놀러 오세요."

"네 놀러 가지요."

하고 김만필은 대답했으나 속심으로는 결단코 T교수를 찾아가지 아니하리라고 생각하였다. 어째서 그는 탐정견같이 모든 것을 다 알고 있는 것일까? 그와 교제를 계속하면 할수록 자기는 손해만 볼 것같이 생각되었다.

자동차가 박석 고개를 전속력으로 넘어갈 때 T교수는 김만필의 귀에다 대고,

"인제 차차 아시겠지만 우리 학교 안에도 여러 가지 세력이 있어 대단 시끄럽습니다. 긴상도 주의하시오, 그리구 C군에게도 주의하시오."

하고 수수께끼 같은 말을 속삭였다. C라는 사람은 지난 봄부터 S전문학교의 독일어 강사로 있는 사람이었다. 인물이 심술궂게 된 데다가 김만필과 같은 독일어 선생이므로 어찌 생각하면 경쟁자의 입장에 있는 듯도 하나 C의 우월한 지위는 도저히 김만필의 대적이 아니었으며 또 김만필은 일 주일에 네 시간이든 한 시간이든 시간을 얻은 것만 고마웠지 그것을 오래 하리라 또는 좀더 얻어 보리라는 욕심도 없었던 것이다.

김만필이 무슨 영문을 모르고 대답을 못하고 있노라니까 T교수는 별안간 껄껄 웃으며,

"아니 무어 별로 마음에 새겨들을 것은 없습니다. 그저 그렇단 말이지요."

"그렇습니까."

김 만필은 고개를 끄덕이며 동떨어진 대답을 하였다. 무슨 무서운 악몽에 붙들린 것 같아서 일각이라도 빨리 T교수의 옆을 떠나고 싶었다.

4

S전문 학교에는 김 만필은 일 주일에 이틀밖에 출근하지 않았다. 그러나 그 이틀이 김 강사에게는 여간 큰 부담이 아니었다. 첫째로 그 쭈그렁 밤송이……외양도 맘씨도 쭈그렁 밤송이 같은 교장을 생각하면 당초에 정이 뚝 떨어졌다. 교무계에를 가면 T교수가 너털웃음을 치며 친절스레 말을 거는 것이 무서웠고, 교원실에를 가면 모두가 제 잘났고 김 강사 같은 것은 외쪽 눈으로 거들떠도 안 보는 데다가 언젠가 T교수가 주의하라고 말하던 C강사의 그 심술궂게 생긴 낯짝도 보기가 싫었다.

하루 이틀 지나가는 동안에 김 강사는 학교에 나가도 교장실에도 교무계에도 들르지 않고 교원실에 모자를 벗어 걸고는 바로 신문실로 들어가 독일서 온 신문, 잡지를 펴들고 종칠 때를 기다리는 것이 습관이 되었다.

교실에서는 언젠가 T교수가 귀띔해 주던 스즈키라는 학생에게 특별히 주의를 했으나 별로 시비를 걸려는 눈치도 안 보이고 평범하게 착실히 공부하는 모양이었다. 가끔 역독을 시켜 보아도 번번이 예습을 해 온 것이었다. 시월 하순의 어느 일요일, 아침 후 김만필이 자기 집에서 새로 도착한 〈룬드 샤우〉를 펴 들고 있노라니까 마당에서 '긴센세이'를 찾는 소리가 들렸다. 문을 열고 보니 그것은 의외에도 무슨 책을 옆에 낀 스즈키였다. T교수의 말이 생각났으나 도리어 반가운 생각이 나서 거뜬 방으로 청해 들었다.

스즈키란 학생은 광대뼈가 약간 내밀고 아래턱이 크게 생긴 것이 조선 사람의 얼굴 비슷한 데다가 고집이 좀 있어 보였다. 그 얼굴의 인상이 T교수를 불쾌케 하는 것인가 싶었다. 그러나 말하는 품은 그의 생김생김과는 달리 상냥하고도 조리가 있어 두뇌가 명석함을 보였다. 그는 독일어를 배우기 시작한 지 아직 일 년도 안 되었건만 독일 문학에 대해 많은 지식을 갖고 있었다. 어떤 것은 김 강사도 모르는 것을 알고 있

었다. 더구나 그 해 봄에 히틀러가 독일의 정권을 잡은 뒤의 일은 김만
필이 취직에 쪼들려 자세히 알아볼 여유가 없었던 만큼 스즈키가 도리
어 더 자세하였다.

"에른스트 톨러, 게오르그 카이저, 렌 레마르크, 심지어 토마스 만 형
제까지 예술원을 쫓겨났다지요?"

"그랬지요."

김만필은 어디까지든지 스즈키를 경계하면서 대답하였다. 그러나 이
야기는 문학자 박해로부터 파시즘 자체의 공격으로 들어갔다. 스즈키
는 열을 띠어 가며 히틀러*를 공격하였다. 처음 찾아온 김만필을 어째
서 그리 신용하는지 스즈키는 할 말 아니 할 말 섞어 떠들었다. 그 이야
기하는 품이 몹시 단순하였다. 만일 스즈키가 김만필 이외의 선생을 찾
아가, 이를테면 T교수 같은 이를 찾아가 그런 말을 떠들어 댄다면 미움
을 받을 것은 정한 이치였다.

이야기는 파시즘으로부터 다시 일본으로 돌아왔다. 스즈키는 S전문
학교 학생들이 대부분은 아무 생각 없이 그시 그시의 생활에 도취되어
있는 것을 몹시 공격하고 그것도 다 시세의 변천, 학교 당국의 가혹한
탄압 때문이라고 불평을 말했다.

"선생님이 동경 제대서 문화 비판회원으로 활동하실 때만 해도 그렇
지는 않았지요?"

스즈키는 김 만필의 얼굴을 쳐다보며 물었다.

"문화 비판회요? 내가?"

스즈키의 질문은 김 강사에게는 청천의 벽력까지는 안

* 히틀러(Adolf Hitler) 오스트리아 태생의 독일의 정치가. 1919년 독일 노
동자당에 입당, 1921년 나치스로 이름을 바꾸고 당수가 됨. 제2차 세계
대전을 일으켰으며, 1945년 베를린 함락 직전에 자살함(1889~1945).

히틀러

가더라도 너무나 의외였다. 김만필은 취직 운동을 시작한 후로는 그가 일찌기 문화비판 회원이었던 것은 아무에게도 말한 일이 없고, 그것이 혹시나 알려질까봐 몹시 주의해 왔던 것이다.

"문화 비판회라니요?"

"선생님이 그 회원으로 굉장하게 활동하신 것은 학생들이 모두들 압니다."

스즈키는 빙글빙글 웃으며 대답하였다.

"아아뇨. 그건 무슨 잘못이겠죠. 나는 그런 회는 잘 모르는데."

김만필은 모처럼 얻은 그의 지위와 자기의 양심과를 저울에 달아가면서 고개를 좌우로 흔들었다.

"그러세요?"

스즈키는 몹시 의외라는 표정을 하면서,

"아, 그 회가 해산할 때 선생님이 일장 연설까지 하셨다는데요?"

그것은 사실이었다. 또 그 사실은 지금의 김 강사로서 결코 후회하는 사실은 아니다. 그러나 대체 자기의 현재 지위에 불리한 이러한 소문은 어디로부터 나는 것일까? 김 강사는 자기가 가르치는 학생 중의 이 사람 저 사람을 생각해 보았으나 자기의 과거를 앎직한 사람은 생각나지 않았다.

"그런 소문은 대체 어디서 들었소?"

"요전 다카하시라는 학생이 T교수한테 놀러 갔더니 T선생님이 그러시더래요."

"T선생님이 무어라구?"

"김 선생님은 그만침 수재시라구요."

스즈키는 김 강사의 질문에 고만 겸연쩍어 얼굴이 붉어지며 웃는 얼굴을 지었다. T교수는 또 어떻게 해서 그런 사실을 알았으며, 알았기로 무엇 때문에 그런 말을 학생들에게 펴 놓는 것일까? 필연코 그것은 무슨 계교를 쓰는 것에 틀림없다고 생각되었다. 이것은 정녕코 김 강사를 먹으려는 것이다. 그렇게 생각하고 보니 김만필에게는 오늘 자기를 찾아와 독일 문학으로부터 히틀러와 파시즘과 현 사회 정세의 공격까지를 탁 터놓고 이야기하던 스즈키의 본심까지도 의심되기 시작하였다. 의심을 시작하고 보면 다음다음 끝이 없었다. 대체 개학식 다음 날 왜 T교수는 유난스럽게도 스즈키의 험담을 자기에게 들려 주었을까? H과장집에서 만나던 밤에 왜 T교수는 자기에게 한 턱을 써 가며 친절을 보여 주면서 슬그머니 자기의 비밀을 아는 것을 암시하였을까? 그리고 이 스즈키란 학생은 사실은 T교수와 한통이어서 오늘 김만필의 본심을 한번 떠 보려 온 것이나 아닐까?……이렇게 생각하고 보니 김 만필은 공연히 모든것이 무서워지며 앞에 앉아 있는 스즈키의 얼굴이 새삼스레 치어다보이는 것이었다. 그러나 스즈키는 김만필의 표정이 별안간 심각해지는 것을 보고 도리어 의외라는 듯이 김만필의 얼굴을 치어다보고 있었다. 김 만필은 '이놈이 이렇게 순진한 체하고 있어도 실상은 T교수의 스파이이기가 쉽다.' 하고 생각하니 스즈키의 그 놀란 듯한 표정이 도리어 가증스럽고 무서웠다.

스즈키는 흥이 깨진 듯이 한참 앉았다가 모자를 들고 일어선다. 그의 얼굴에는 무엇을 생각하는지 미처 결단을 못 해 곤각하는 표정이 떴다. 일어선 채 잠깐 머뭇거리더니 그는 결심한 듯이 소리를 낮추어,

"사실은 선생님께 청이 있어 왔는데요."

하고 김만필의 얼굴을 잠깐 쳐다보고,

"우리 반 안에 조금 생각 있는 동무 몇이 모여 독일 문학 연구의 그룹을 만들었는데 선생님 좀 참가해 주시지 못할까요?"

스즈키의 목소리는 몹시 진실하였다. 그러나 불안과 회의에 쪼들린 김만필에게는 모든 것이 자기를 해하려는 흉계로만 들렸다.

"바빠서 난 참가 못 하겠소."

그는 단번에 스즈키의 청을 딱 거절했다.

"선생님 틈 계신 대로라도……."

스즈키는 다시 열심으로 청했다.

"몹시 바쁘니까 도저히 못 가겠소."

김 강사는 여전히 딱 잡아떼었다.

"정 그러시면 하는 수 없지요. 안녕히 계십시오."

스즈키는 몹시 실망한 낯으로 모자를 빙글빙글 돌리며 대문을 나갔다.

5

스즈키가 찾아왔다 간 후 김만필의 우울은 한층 더 심했다. 일종의 강박관념에 쪼들리는 정신병자같이 김만필은 항상 무엇엔가 마음의 위협을 느끼고 있었다. 그의 우울은 또 그의 태도를 한층 더 비겁하게 하였다. 그는 S전문 학교에 가면 어째 모든 사람이 자기를 손가락질하며 공론하는 것 같아 점점 더 동료들과 말을 하기도 싫어졌다. 교장도 T교수도 H과장까지도 영영 찾아가지 않았다. 그래도 T교수는 가끔 자진해 김 강사를 찾아와 말을 붙였지만 교장은 가을 이후 겨우 두서너 번 낭하에서 마주쳐 간단히 인사를 교환하였을 뿐이었다.

그러나 그런 중에도 날이 감을 따라 김 강사는 S전문 학교 직원 사이의 공기를 차차로 짐작하게 되었다. 자세히는 모르나 지금 세력을 잡고 있는 교장과 T교수의 일파가 대가리를 휘젓고 있고 그에 대항해 물리학의 S교수와 독일어의 C강사가 대립해 있는 듯싶었다. 김만필은 그 어느 편에도 가담할 이유도 자격도 없었으나 교장과 T교수에 대한 반감 때문에 슬그머니 C강사 편으로 동정이 갔다.

S교수는 교장 반대파라 해도 비교적 든든한 지위를 갖고 있었으나 C강사는 까딱하면 이 두 파의 알력의 희생이 될 듯싶어 과부의 설움은

과부가 아는 격으로 그에게는 동정이 가는 것이었다.

그러나 C강사의 심술궂게 된 얼굴과 김 강사의 히포콘드리는 결합될 기회가 없이 지냈다.

흐린 하늘에서 가느다란 눈발이 날리고 가게 처마마다 '세모 대매출'의 붉은 깃발이 휘날리는 연말이 가까운 어느 날 아침, 김 강사는 수업하러 들어가다가 낭하에서 T교수와 마주쳤다.

"몹시 춥습니다."

"대단히 추운데요."

인사를 던지고 지나려니까 T교수는 무엇을 생각하였는지,

"저 잠깐만."

하고 돌아서서 김 강사를 멈추었다.

"저……, 이런 말씀은 허기가 좀 무엇하구먼두…….

하고 T교수는 싱글싱글 웃으면서 소리를 낮추어,

"긴상, 가을 생각하세요? 저 H과장 집에서 만나던 밤…….

무슨 의미인지를 몰라 김 강사는 잠자코 T교수를 쳐다만 보았다. 교수는 여전히 웃으며,

"내가 과자 상자 들고 간 것 보았지요. 세상이란 다 그런 겝니다. 우리 교장도 그런 것을 대단 생각하는 사람이니 연말도 되구 허니 한번 과자나 한 상자 사 가지구 찾아가 보시란 말이오."

"흐……."

김 강사는 할 말이 없어 얼굴을 비뚤어뜨린 웃음으로 대답하고 그대로 교실로 들어갔다. 그러나 그 시간에는 가르치는 데는 정신이 하나도 없고 T교수의 그 말에만 정신이 팔렸다. T교수는 대체 무슨 동기로 자기에게 그런 말을 또 들려 주는 것일까? 친절인가? 조롱인가? 그러나 그것은 어쨌든 T교수의 그 말에 교장이 김 강사에 대해 몹시 불쾌하게 생각하고 있는 것은 짐작할 수 있었다.

그 날 밤에 김 강사는 명치옥에 가서 서양 과자를 한 상자 샀다. 윗덮개에 교장의 이름을 쓰고 그 밑에 자기의 명함을 붙였다. 그러나 그의 마음 속에서는 종시 두 가지 의사가 싸우고 있었다. 창피하다. 아무리 자리를 위해서라 해도 차마 이짓만은 할 수 없다. 이제 이왕 노염을 산 다음에야 이까짓 과자 상자를 사다 주면 무얼 하느냐. 도리어 노염을 돋울 뿐이다.

내가 이것을 사다 주면은 등뒤에서 T가 그 능글능글한 웃음을 띠고 나의 어리석음을 조소할 것이다. 아니 그래도 그렇지 않아. 이것이 세상이 아닌가. 나는 나의 선물을 받고 기뻐하고 또는 나의 어리석은 심정을 조롱하는 사람을 도리어 경멸하면 그만 아닌가. 선물을 보내는 것 때문에 더러워지는 것은 나의 인격이 아니라 도리어 받는 자의 인격이 아닌가……

그러나 김 강사는 드디어 그 과자 상자를 교장의 집에까지 가지고 갈 용기는 없었다. 전차를 타고 가다 말고 중간에서 내려 한참이나 헤매다가 생각난 것이 욕심장이로 일가 간에 돌림뱅이가 난 아주머니였다. 아주머니는 뜻 아니 한 선물에 무슨 영문을 모르고 그러나 넌지시 과자 상자를 받아들었다.

6

어느덧 동기 휴가가 되고, 새해가 되고, 다시 학교가 시작되었다. 그러나 그 동안 김 강사는 아무데도 아무도 찾아가지 않았다. 책상 위에는 먼지가 쌓이고, 외국서 온 신문, 잡지는 겉봉도 안 뜯긴 채 방 안에 흩어졌으나 그것을 정돈하기도 싫었다. 김 강사는 아침에 일어나서는 밥을 한 술 떠 넣고 바람 부는 거리로 헤매는 것이 일과가 되었다. 피곤하면 거리에 갑자기 많아진 찻집을 찾아 정신나간 사람같이 앉아 있었다. 날이 갈수록 그는 점점 더 피곤을 느꼈다. 감당해 나가기에는 너무나 많은 모순을 그는 알고 있는 것이다. 어느편으로든가 그는 그 모순이 터져 나갈 길을 구하지 않으면 안되었으나 그것을 구할 방도와 용기가 없는 것이었다.

'Lennui lui vint(그에게 권태가 밀려왔다).' 벌써 칠팔 년 전에 읽던 도데의 소설에서 우연히 기억한 이 짧은 구절이 무슨 깊은 의미나 가진 것처럼 매일같이 머리에 떠올랐다.

T교수는 겨울 동안에 몸이 한층 더 뚱뚱해진 것 같았다. 아무리 추워도 답답하다고 바지 밑에는 잠방이 하나밖에 안 입고 다니건만 얼굴은 기름이 번질하게 흐르고 붉은 빛이 이글이글하였다. 교무실 안은 그의 너털웃음과 떠드는 소리로 일상 떠들썩하였다. 겨울 이후로는 그는 조선의 민속을 연구한다고 젊은 무당과 양금, 가야금 뜯는 기생을 돼지떼처럼 몰고 돌아다녔다. 학교에서는 누구를 붙들기만 하면 무당의 신장 내리는 신비에 대해 끝없는 열변을 토하였다. 그러나 T교수가 젊은 무당이나 기생을 데리고 무엇을 연구하는지 아무도 모르듯이, 또 그가 일상 떠들고 웃고 하는 이면에서 무엇을 생각하고 무엇을 하는지 아는 사람은 아무도 없었다.

하루는 T교수가 또 예의 인품 좋은 웃음을 띠고 김 강사를 찾아와 집으로 나가는 길에 잠깐만 어디로 같이 가자고 청하였다. 김 강사는 지금까지 T교수와 접촉해서 유쾌한 기억을 가진 일은 한 번도 없었으나 어쨌든 또 따라가지 않을 수 없었다. 두 사람은 언젠가 같이 갔던 세르팡이라는 찻집으로 갔다. 그러나 T교수의 이야기는 또 언제나 마찬가지로 불쾌한 것이었다.

"어제 저녁에 H과장을 만났더니 긴상을 좀 만나자고 그럽디다. 우리 교장의 성미는 내가 잘 아니까 요전에도 무슨 과자 상자라도 갖다 주라니까 아마 안 그랬지요. 허, 긴상은 실례의 말이지만 아직 세상을 모른단 말요. 무슨 말이 어떻게 들어갔는지 나는 모르지만 어째 도무지 공기가 좀 재미 없는 듯하던걸요. 아마 H과장도 이 근래는 한 번도 안 찾아갔지요. 그것도 다 긴상의 섣부른 짓이란 말씀이요. 긴상으로 말하면 H과장의 추천으로 들어왔겠다, 잘만 하면 차차 시간도 더 얻을 수 있구 할 텐데 왜 헤다(실수)를 한단 말씀요."

T교수는 충심으로 김 강사를 동정하는 눈치를 보였다. 어찌 생각하면 그 말도 그럴 듯한 말이나 김만필에게는 어째 T의 하는 말이 뺨치고 등 만지는 수작같이 생각되었다.

"네, 잘 알았습니다. H과장은 곧 찾아가지요."

그는 침이나 뱉듯이 대답하였다. 그러나 그는 그 날 밤으로 곧 H과장을 찾아갔다. 불안해 견딜 수 없었던 것이다.

H과장 집 현관에는 마침 손이 있는지 구두 한 켤레가 놓여 있었다. 그러나 응접실에는 H과장 혼자서 앉아 있었다. 하녀가 와서 테이블 위의 찻종을 치우고 있는 것이 누가 왔다가 금방 간 모양이다. H과장은 웬일인지 노기가 등등해 앉아 있었다. 일상의 그 온후하던 안색은 간곳없고 독살스런 눈으로 김만필을 노려보았다.

"무얼 하러 왔나?"

그는 김만필이 방을 들어서자마자 대고 쏘았다. 김만필은 너무나 의외여서 어쩔 줄을 모르다가 겨우 대답하였다.

"T말이 과장께서 좀 만나자고 하신다기에……."

"만나자고 해야만 만나겠나. 자네한테 긴할 때는 자꾸 찾아오고 자네한테 일없이 되니까 발을 뚝 끊는 그런 실례의 경우가 어디에 있나! 그러기에 조선 사람은 배은망덕을 한다고들 하는 게야."

"잘못되었습니다."

김만필은 앉지도 못하고 과장 앞에 고개를 숙이고 서 있다. 하녀가 차를 가져왔다. H과장은 노한 소리를 한층 높여,

"자네는 또 그런 경우가 어디 있나. 나는 자네만 믿었지, 남을 그렇게 감쪽같이 속여 남의 얼굴에 똥칠을 해 주는 그런 법이 어디 있나."

"제가 과장님을 속이다니요?"

"속이다니요? 자네는 나한테 와서 취직 청을 할 때 무어라고 그랬어. 사상 방면에는 절대로 관계 없다고 그랬지. 그래 그렇게 남을 감쪽같이 속이는 데가 어디 있나."

올 것이 온 것이다, 라고 김만필은 생각하였다. 그러나 이렇게 되고 보면 어디까지 한번 버티어보는 수밖에 없었다.

"무슨 말씀인지 저는 잘 모르겠습니다. 저는 사상이니 무어니 그런 것은 아무것도 모르고, 더군다나 과장님을 속이다니요. 그건 천만의 말씀입니다."

"무엇! 그래도 자네는 나를 속이려나?"

H과장은 소리를 버럭 지르며 찻종을 덜그럭 하고 놓고 의자를 뒤로 떼밀며 몸을 벌떡 젖혔다. 그 때 이웃 방으로 통하는 문이 열리며 언제나 일반으로 봄 물결이 늠실늠실하듯, 온 얼굴에 벙글벙글 미소를 띤 T교수가 응접실로 들어왔다.

창랑정기

1

'해만 저물면 바닷물처럼 짭조름히 향수가 저려 든다.'고 시인 C군은 노래하였지만 사실 고향을 그리는 마음이란 짭짤하고도 달콤하며 아름답고도 안타까우며 기쁘고도 서러우며 제 몸 속에 있는 것이로되 정체를 잡을 수 없고 그러면서도 혹 우리가 무엇에 낙망하거나 실패하거나 해서 몸과 마음이 고달픈 때면은 그야말로 바닷물같이 오장육부 속으로 저려 들어와 지나간 기억을 분홍의 한 빛깔로 물칠해 버리고 소년 시절을 보내던 시골집 소나무 우거진 뒷동산이며 한 글방에서 공부하고 겨울이면 같이 닭서리 해다 먹던 수남이, 복동이들이 그리워서 앉도 서도 못 하도록 우리의 몸을 달게 만드는 이상한 힘을 가진 감정이다.

향수란 그러나 반드시 사람의 심사를 산란케만 해주는 것은 아니고 우리가 그렇게 할 마음의 여유만 갖는다면 우리의 거칠 대로 거칠어진 정서의 거친 벌을 다시 곱게 빗질해 줄 수도 있는 것이며 또는 갈기갈기 흩어진 어지러운 생각을 외가닥 길로 인도해 주는 수도 있는 것이다. 가령 여기 젊어서 청운의 큰 뜻을 품고 만리 타향에 나갔던 사람이 있다 하자. 바람 비 거친 몇십 년을 지낸 뒤 이마에 주름살이 깊어 가고 은빛 흰 머리카락이 나날이 늘어갈 때 달 밝은 어느 밤 그가 고향을 그리는 마음에 이리 뒹굴 저리 뒹굴 하며 잠을 이루지 못한다면, 언뜻 생각하면 향수란 놈은 사람의 마음을 재리재리하게 좀먹어 들어가는 우수의 사자인 것 같기도 하나 다시 생각하면 그가 젊어서 품었던 청운의 뜻이 뜻대로 이루어지지 못했을 때 또는 처음 뜻대로 이루어졌다 해도 그 소위 청운의 큰 뜻이라는 것이 결국은 인생이란 것을 분홍빛 베일을 통해서만 볼 줄 알던 젊었을 때의 일시의 헛된 꿈이요 사람의 마음과 몸을 영원히 안식시켜 줄 깊고도 높고 또 튼튼한 것이 아니었다는 것을 깨달았을 때, 의지할 바를 잃은 그의 심정을 부드러운 손길로 쓰다듬어 주어 위대한 안심의 길로 인도해 주는 거룩한 어머니의 손길이야말로 고향을 그리는 마음이라고도 할 수 있지 않을까. '청운의 큰 뜻'을 이룬 사람에게나 못 이룬 사람에게나 향수란 다같이 최후의 도착점이 아닐 것인가.

옛날 〈귀거래사〉*의 시인은 '새는 날다 고달프면 돌아올 줄을 안다.'고 읊었고 '영원의 청춘'을 누리던 괴테도 서른한 살의 젊음으로써 이미 '모든 산봉우리에 휴식이 있느니라.'고 노래했거니와 이것은 즉 그들이 남다른 직관과 감수력으로 이 향수의 구슬프고도 깊은 의미를 몸으로써 느꼈기 때문이라고 말할 수 있을 것이다.

나 어린 시절을 경개 아름다운 시골서 보낸 사람은 이런 의미에서 대단히 행복된 사람이다. 그는 몸이나 마음이 고달플 때마다 찾아 들어갈 따뜻한 어머니의 품 속을 가졌기 때문이다. 그러나 도회에서 나고 도회에서 자라고 몇 해에 한 번씩 또는 한 해에도 몇 번씩 이 골목에서 저 골목으로 이사를 돌아다니는 사람은 그리워할래도 그리워할 고향이 없

* 귀거래사(歸去來辭) 중국 진나라의 도연명이 벼슬을 버리고 고향으로 돌아갈 때 지은 글. 자연을 벗삼는 전원생활의 자유로운 생활을 동경하는 뜻이 담겨 있음.

으므로 대단히 불행한 사람이다.

그리워할 고향이 없으면 아무것도 그리워하지 말고 항상 앞날만을 바라보고 나가면 그만 아니냐고 할 사람이 있을지도 모르나 사람의 마음이란 그렇게 꺾으면 부러질 듯이 일상 꼿꼿하게 뻗쳐만 있을 수는 없는 것이니 긴장의 뒤에는 반드시 해이가 오는 것이요 해이는 새로운 큰 긴장의 전주곡이라고도 할 수 있는 것이다.

어쨌든 우리는 누구를 물론하고 다 같이 향수를 가지고 있다. 그리워할 고향이 있는 경우에는 물론이어니와 그런 것이 없는 때에도 사람은 항상 무엇인가를 그리워하며 그 때문에 슬퍼하기도 하고 기뻐하기도 하는 것이 사실이다.

그 고향 없는 향수의 대상은 혹은 소년 시대의 어느날 저녁 우연히 꿈에 본 산천일 수도 있는 것이요, 또는 꿈에나마 한 번도 본 적이 없는 생판 공상의 소녀이기도 할 것이다. 이렇게 말하면 종교가는 네가 말하는 향수란 결국 거룩하신 하느님의 품을 의미하는 것이니 사람은 지혜의 열매를 따먹고 에덴의 동산을 쫓겨나올 때 벌써 숙명적으로 그런 향수를 지닌 것이라고 할는지도 모르나 종교가가 무엇이라고 하든 간에 사람이란 항상 무엇인가를 그리워하면서만 그의 생존의 의미를 느끼는 것임은 움직일 수 없는 사실이다.

서울서 나서 서울서 자라난 나는 남들과 같이 가끔가끔 가슴을 졸이며 그리워할 아름다운 고향을 갖고 있지 못하다. 내가 나서 세 살이 될 때까지 살았었다는 가회동 꼭대기 집은 어느새에 흔적도 없이 없어지고 지금은 낯모르는 문화 주택이 들어섰을 뿐이다.

그러나 나에게도 내 마음이 고달플 때 그 마음을 가져갈 고향의 기억이 아주 없는 것은 아니니, 하나는 여섯 살 때부터 열네 살 되던 해까지 살던 계동집의 기억이 그것이요 하나는 이 곳에 기록하려는 창랑정의 기억이 그것이다.

2

창랑정이란 대원군 집정 시대에 선전관으로 이조 판서 벼슬까지 지내던 나의 삼종 증조부 되는 서강 대신 김종호가 세상이 뜻과 같지 않아 쇄국의 꿈이 부서지고 대원군도 세도를 잃게 되자 자기도 벼슬을 내놓고 서강 —— 지금의 당인정 부근 —— 강가에 있는 옛날 어떤 대관의 별장을 사 가지고 스스로 창랑정이라 이름 붙인 후 울울한 말년을 보내던 정자 이름이다.

내가 처음 창랑정을 갔던 것은 자세한 기억은 나지 않으나 일곱 살이나 잘 해야 여덟 살 먹었을 것이었으니까, 이럭저럭 스물일고여덟 해 전 일이다. 이른 봄, 봄이라도 냉이 순이 파릇파릇 내밀 무렵이었으니까 삼월 중순이나 하순께쯤이었을까. 나는 아버지를 따라 그 곳에 가서 며칠 동안을 지낸 것이었다. 그 며칠 동안에 보고 듣고 한 기억이 이상스레도 어린 머릿속에 깊이 새겨져서 거의 삼십 년이란 긴 세월이 흘러간 지금까지도 가끔 내 추억의 나라 속을 왕래하며 때로는 달디단 일종의 향수가 되어 내 마음을 안타깝게까지도 하는 것이다.

창랑정은 서강이라 해도 당인리 편으로 가까운 강가 솔숲 우거진 조그만 봉우리가 강으로 향해 비스듬히 얕아지다가 별안간 깎아지른 듯이 낭떠러지가 된 바로 그 위에 있는 칠십 칸이 넘는 큰 집이었다. 서강 동네를 지나 강가에 나서서 서편을 바라보면 보통 때는 물 한 방울 없는 개울 건너 저편 언덕 위에 좌우로 줄행랑이 늘어서고 가운데 솟을대문이 우뚝 솟은 큰 집이 보인다.

"자 인제 다 왔다. 저기 저 집이 창랑정 —— 서강 할아버지 댁이다."

왼손으로 타박거리는 내 바른편 손을 붙들고 아버지는 바른편 손으로 단장을 들어 개 건너 큰 집을 가리키셨다. 저녁 해를 비스듬히 받은 그 큰 집의 인상이 얼마나 이상스러웠던지 처음으로 아버지가 그 집을 서강 할아버지 댁이라고 가리켜주시던 그 순간의 광경이 바로 엊그제 일같이 지금도 내 눈에 선하다. 가까이 가 보니 창랑정은 멀리서 볼 때와는 달리 지은 지 몇백 년이나 됐는지 행각 기둥이 이리저리 기울고 쓰러진 아주 퇴락한 옛집이었다. 화방도 군데군데 무너지고 어떤 데는 큰 소라도 드나듦직하게 구멍이 뚫려 있었다. 언덕을 올라가 대문간을 들어서니 시꺼먼 늙은 은행나무가 무서운 악몽같이 앞을 가로막는다. 이것은 뒤에 들은 이야기거니와 그 은행나무에는 귀신이 접했다 해서 동넷집에서 고사를 지내면 반드시 그 곳부터 갖다 지내고 동네서 무슨 불길한 일이 일어나도 그 나무에 동티*가 난 것이라 하여 무서워들 하는 것이었다.

은행나무를 지나면 또 급한 언덕이요 그 언덕 위에 사랑으로 들어가는 중대문이 있다. 중대문 안은 편편한 마당이요 좌우에 작은사랑이 있고 강으로 향한 정면 높은 축대 위에 서강 대신이 거처하는 큰사랑이 있는 것이다. 마당 앞은 불과 두서너 자밖에 안되는 얕은 담이요 돌을 딛고 올라서서 담 너머로 넘겨다보면 담 밖은 바로 낭떠러지여서 까맣게 내려다보이는 저 밑에 검푸른 강물이 출렁거리는 것이었다.

서강 대신은 병석에 누워 계셨다. 서남으로 터진 마루에는 양명한 저녁 햇빛이 환하게 비치고 있었지만 문을 열고 큰사랑에 처음 들어섰을 때는 방 안은 아무것도 보이지 않을 만큼 캄캄하였다. 아버지는 아랫목 편으로 가서 누워 있는 대신에게 절을 하시고 난 뒤 나더러도 절을 하라 하신다. 시키는 대로 절을 하고 무릎을 꿇고 앉으니까,

"제 자식이올시다."

하고 나를 설명하신다.

"오 그놈 잘생겼구나."

서강 대신은 일부러 일어나 내 머리를 쓰다듬으며,

---

* **동티** 귀신의 노여움으로 생긴다는 각종 변.

"몇 살이냐?"

하고 묻는다.

"일곱 살이올시다."

"음 자식이나 똑똑히 낳야지……."

그제서야 내 눈에는 방 안의 것이 똑똑히 보이기 시작하였다. 서강 대신은 그 때 나이 벌써 팔십이나 되고 거기다가 오래 병석에 누워 있을 때라 몹시 수척하기는 했으나 기름한 얼굴, 흰 살결, 은빛 같은 수염, 모든 것이 과연 어린 내 마음에도 갖은 풍상을 다 겪은 귀인의 풍모 같이 보였다.

아버지와 서강 대신이 무엇인지 이야기하고 있는 동안에 나는 차례 차례로 방 안을 둘러보았다. 모든 것이 그 때까지 계동 우리 집 간반 방 사랑밖에 모르던 나에게는 진기하기 짝이 없었다. 마루로 향한 미닫이에는 갑창*을 굳이 닫은 위로 또다시 짙은 자주빛 방장*이 드리워 있고 그 반대편에는 구름을 타고 물결 위에 노니는 신선을 그린 큰 병풍이 삼 간 벽을 꽉 채우고 있었다. 방구석에 놓인 사방 탁자와 대신의 머리맡에 놓인 한 쌍 화류 문갑 위에는 커다란 옛날 책들이 길길이 쌓여 있었다. 벼룻집 위에 놓인 용을 새긴 붓꽂이, 그 옆에 있는 범을 새긴 대리석 도장, 벽에 걸린 옛날 명필의 글씨, 흰 말꽁지로 만든 긴 총채……. 아, 그 모든 신비스럽고 호화롭던 방 장식은 지금도 내 눈에 보이는 듯하다.

3

얼마 있더니 문이 열리며 스무 살이 될락말락해 보이는 상투 짠 젊은 사람이 들어왔다. 아버지가,

---

* **갑창** 이중창. 추위나 빛을 막기 위해 미닫이 안쪽에 덧끼우는 미닫이.
* **방장** 방안에 두르는 휘장. 외풍이나 벌레를 막기 위해 사용함.

"일어나 형님께 절해라."

고 하신다. 시키는 대로 나는 또 일어나 절을 하였다. 그것이 그 집 젊은 주인 서강 대신의 증손자, 나의 열두촌 형님 김종근이었다. 서강 대신은 아들도 손자도 일찍 여의고 단지 이 어린 증손 하나를 대를 물릴 귀한 자손으로 애지중지해 거느리고 있던 것이다.

아버지와 서강 대신과는 종근을 옆에 앉히어 놓고 또 무슨 이야기인지 길게 하기 시작하였다. 무슨 이야기를 하는 것인지는 알 수 없었으나 학교니 무엇이니 하는 말이 자꾸 나오던 것으로 보아 서강 대신은 종근을 학교에다 보낼까 말까에 대해 아버지에게 상의하던 것인가 싶다. 다른 일이면 상의할 사람이 얼마든지 있었겠지마는 신식 개화에 대해서는 멀고 가까운 것을 물론하고 집안에 나의 아버지밖에는 아는 사람이 없었던 것이다. 그 때 아버지는 한국 관비 유학생으로 일본 유학을 갔다와서 탁지부로 내각 제도국으로 벼슬을 다니다가 합방이 된 후에도 그대로 계속해 다니고 계셨던 것이다.

서강 대신과 아버지가 그 때 하던 이야기가 종근에게 공부를 시킬 것인가 아닌가 하는 것이었음은 그 후에 아버지가 일상 서강 대신이 완고해서 종근에게 학교 공부를 안 시킨 것이라고 원망하던 것으로 짐작이 된다. 생각컨댄 서강 대신은 대원군 시절에 가장 맹렬하게 양이 서양 오랑캐들을 물리치기를 주장하던 분이라 세상이 날로 그의 생각과는 달라짐을 보자 하나밖에 없는 귀한 자손에게 신식 공부를 시킬 필요를 느끼고 아버지하고까지 의논을 한 것이었으나 끝끝내 자기의 신념에 충실해서 종근을 학교에 보내지 않았던 것인가 싶다.

어른들의 이야기가 너무 오래 계속되므로 나는 갑갑함을 참다 못해 가만히 자리를 일어나서 윗목 두껍닫이를 열고 누마루로 나갔다. 누마루도 문은 사방으로 다 닫혔으나 저녁 햇볕을 받아 정신이 번쩍 나게 환하게 밝았다. 장식은 별로 없으나 이 곳에도 가뜩 쌓인 책과 대들보

에 걸린 '滄浪亭'이라는 현판이 역시 나의 호기심을 끌었다. 나는 창랑
정이라는 현판을 한참이나 쳐다보고, 옳지 창랑정 창랑정 하더니 찰창
滄 자 물결랑浪 자 정자정亭 자로구나 하고 그것을 알아낼 수 있었던
것이 몹시 기쁘고 뽐내고 싶었다. 현판은 서강 대신이 스스로 쓴 것이
어서 끝에는 '濤庵(도암)'이라는 서명까지 있었다.

한참이나 현판을 쳐다보다가 나는 마룻가로 가서 강편으로 향한 덧
문을 밀어 보았다. 의외에도 덧문은 소리도 없이 스르르 열리며 예기하
지 못했던 창랑정의 웅대한 풍경이 눈앞에 전개되었다. 아, 그 일순간
에 소리도 없이 내 눈 속으로 확 달려들던 창랑정의 대관. 그것도 역시
내 눈에 선하다. 바로 눈 아래 보이는 검푸른 물결, 물결 건너로 눈에
가득하게 들어오는 넓고넓은 백사장, 그 백사장 저편 끝으로 멀리 하늘
끝단 데까지 바닷물결치듯 울멍줄멍한 아득한 산과 산——나는 그 장
대한 풍경에 정신이 팔려 시간 가는 줄을 모르고 그 곳에 섰었다.

얼마나 지났는지 그 장대한 풍경에 별안간 영롱한 빛이 비치어 정신

차려 보니 저녁놀이 뜨기 시작한 것이었다. 저녁놀이라는 것은 차츰차츰 뜨기 시작하는 것이로되 보는 사람에게는 별안간 뜬 것같이 보이는 것이라는 것을 그 때 알았다. 삼 월달인데도 공교롭게 하늘에는 층층이 갖은 형상을 다 한 구름이 겹쳐 떠 있었다. 연기같이 가로 길게 꼬리를 끄는 구름, 가를 은빛으로 빛내며 풀솜처럼 뭉게뭉게 피어오르는 구름, 거대한 맹수의 싸움처럼 보고 있는 동안에 산같이 솟았다가는 파도같이 무너지는 구름, 저 맨 위에 아련히 생선 비늘같이 엷게 입히어 움직이지 않는 구름, 그 가지가지 구름이 혹은 누렇게 혹은 붉게 혹은 분홍으로 혹은 자주로 혹은 오렌지빛으로 제각기 물들어져 간간이 내다보이는 푸른 하늘과 한데 되어 오색이 영롱한 요지경을 이룬 것이다. 그 오색찬란한 하늘이 다시 물 위에 거꾸로 비치어 하늘과 땅이 함께 어우러져 장대 화려한 꽃밭을 이룬 황홀한 광경은 일곱 살의 소년 아니라도 누구나 한 번 보면 한평생을 잊을 수 없을 것이다.

그러나 그 아름다운 자연보다도 한층 내 어린 기억에 지워지지 않는 인상을 준 사건이 곧 일어났다.

황홀한 놀 뜬 풍경에 팔려 나는 내 발밑 누마루 앞마당에 누가 왔는지 누가 갔는지 아무것도 모르고 있었는데 어쩌다가 언뜻 눈앞을 내려다보니 언제 온 것인지 열두서너 살 먹어 보이는 소녀가 앞마당에 와 서서 방긋방긋 웃으며 나를 쳐다보고 있었다. 회화나무 꽃씨로 물들인 '호야* 노랑 저고리'에 잇다홍치마를 입은 소녀는 소색이 영롱한 저녁놀을 등지고 서서 방긋방긋 웃으며 나를 쳐다보는 것이다. 나는 곧 그 소녀에게 몸이 잦아지는 것 같은 호감을 느꼈다. 그래 나도 모르는 동안에 빙긋이 웃었더니 소녀는 이리 오라 이리 오라고 나에게 손짓을 하였다.

---

* 호야 나비 빛.

4

　나는 고개를 끄덕하고 마당으로 내려가려고 큰사랑으로 들어갔다. 그랬더니 어디 가 있었느냐고 아버지가 꾸중을 하시면서 인제 안으로 들어가 할머니를 뵈어야 할 테니 거기 가만 있으라고 하셨다. 마당에 있는 소녀가 궁금해 좀이 쑤시어 죽겠으나 하는 수 없이 아버지 옆에 가 무릎을 꿇고 앉았다.

　안채는 사랑채보다도 더 드높고 더 뼈대가 굵었다. 육 간 대청을 가운데 끼고 —— 퇴까지 합하면 여덟 간이나 된다 —— 서편으로 안방, 동편으로 건넌방, 안방 머리에는 마루방, 건넌방 머리에는 목방, 거기서 꺾여 뒷방, 뜰 아래로 뜰아랫방이 둘 —— 이렇게 적어 오면 굉장히 으리으리한 것 같으나 원체 후락한 집이라 몹시 충충한 데다가 서까래가 썩어 유착한 지붕 끝이 아래로 축 늘어진 것이 무슨 옛날 이야기에 나오는 폐절 같았다. 지붕에는 작년에 났던 망초 마른 것이 어수선하고…….

　안대문을 들어서자 음식 냄새가 코를 찌르고 대청과 부엌에 사람들이 득실득실했다. 떡시루를 들고 왔다갔다하는 사람, 부침개질을 하는 사람, 가릿대를 들고 도끼로 내리찍는 사람, 도라지를 쪼개는 사람, 콩나물을 다듬는 사람, 고기를 재는 사람, 그 충충한 큰 집이 온통 떠들썩하다. 대가집이라 사는 본새가 그런가 하고 속으로 생각하노라니,

　　"내일이 노할머니 생신이란다. 나는 저녁 먹고 집으로 갈 테니 너 혼자 여기서 종근 형하고 같이 자고 며칠 놀다가 오너라. 내일 아침에는 어머니가 나오신다."

하고 아버지가 말씀하신다. 아버지는 기침을 에헴에헴 하시며 나를 데리고 정경 부인 누워 계신 안방으로 들어가셨다. 대청에 있는 젊은이들은 더러 피하는 사람도 있었으나 안방에는 나이 많은 분들이 가득 앉아서 아버지가 들어가셔도 피하기는커녕,

"영감 왔소."

"자네 왔나."

하면서 아버지를 백주에 아이 취급이다. 정경 부인은 아랫목에 누워 계신데 아버지와 내가 번갈아 절을 해도 누렇게 들뜬 얼굴을 조금 돌렸을 뿐 꼼짝도 하지 않았다. 정경 부인께 절을 한 뒤 아버지와 나는 무슨 할머니다 무슨 아주머니다 하는 방 안 노인들께 돌아가며 절을 하느라고 혼이 났다.

절이 한 바퀴 끝난 뒤 울멍줄멍한 이상한 천장 —— 그것이 소란 반자라는 것이었다. —— 을 쳐다보며 한숨 돌리고 앉았는데 방 안이 또 수선수선하더니 문이 열리며 달덩이 같은 —— 정말 그 때 나에게는 달덩이같이 환하게 보였다. —— 새색시가 눈을 내리깔고 방으로 들어왔다. 새색시는 아버지께 공손히 절을 한다. 아버지도 당황한 듯이 반쯤 일어나 절을 받으신다. 청대 반물 치마*에 호야 노랑 저고리를 맵시있게 입은 새색시를 바라보며 나는 문득 아까 본 소녀 생각을 하였다. 소녀는 그의 누이나 조카딸이리라……

"너 아주머니께 절해라."

누가 나더러도 절을 하라 한다. 새색시는 종근 형의 색시였던 것이다. 저녁이 지난 뒤에 아버지는 처음 말씀대로 나만 그 곳에 남겨두고 문안 집으로 들어가셨다. 그 때까지 집을 나와 외방에서 자 본 일이 한 번도 없는 내라 아버지를 따라 들어갈 생각도 간절했으나 어린 마음에도 그 곳에 있으면 내일은 아까 그 소녀를 마음대로 만날 수 있으리라 싶어 나는 쉽사리 아버지 말씀을 승낙하고 무슨 모험이나 하러 나서는 것 같은 호기심에 가슴을 뛰이며 잠이 들었다.

이튿날은 새벽부터 손님들이 오기 시작하였다. 손님이래야 대개는

---

* 반물 치마 짙은 남빛의 치마.

안손님이요, 거의 다 일가집 마님 아씨들이라 내가 아는 할머니 아주머니도 여러분 계셨다.

그러는 중에 기다리던 어머니가 오시더니,

"잘 잤니. 세수는 했니. 집에 오구 싶지 않데. 무얼 먹었니?"

하시며 나를 보고 반색을 하신다. 나는 소녀 생각도 무엇도 다 집어치우고 어머니만 반가워 어머니 옆을 떨어지지 않으리라 하였다.

어머니를 따라 안으로 들어가니 그 동안에 어디서 그렇게 모였는지 대청에는 노랑 저고리에 남치마를 질질 끄는 새댁들이 득시글득시글하였다. 그들의 떠드는 품이란 어저께의 비가 아니었다. 새색시들은 예의도 잊어버리고 '그것 이리 주게.' '이것 저리 두세요.' 하고 고함고함 치며 야단들이다. 그들은 오래 농 속에 갇혔다가 처음으로 놓여 나온 참새떼처럼 무슨 이야기를 소곤소곤하기도 하다가 킬 하며 웃기도 하다가 서로 허리를 쿡쿡 찌르며 장난도 하다가 어떤 이는 만들던 음식을 집어 재빠르게 입으로 집어 넣고 우물우물 씹어먹기도 하였다.

방 안도 마루도 잔치 손님으로 가득 차 어디 가 편하게 앉을 구석도 없었다. 거기다가 일시도 입을 다물고 잠자코 있는 이가 없다. 여인네가 모이면 시끄럽게 떠드는 것은 옛날이나 지금이나 다름이 없는 것이다. 나는 정신이 얼떨떨해 견디다 못해서 늦은 아침을 간신히 얻어먹자 곧 그 사람 고장*을 빠져 나와 안 뒤꼍으로 갔다.

5

안 뒤꼍에는 또 마당이 있고 마당에 연해서 바로 뒷동산이다. 집 뒤 산 중턱을 잘라 기왓담을 넓게 돌려 싸 놓고 복숭아나무 살구나무 오얏

---

*고장 (어떤)곳.

나무 앵두나무 등 갖은 과일 나무며 수양버들 동청 개나리 등속을 터가 좁도록 심어 놓은 안이 뒷동산이었다. 동산 기슭에는 단청칠 벗겨진 사당채가 있었다. 나는 한참이나 사당채를 구경하다가 동산 맨 위로 올라가보리라 생각하고 과일나무 사이 좁은 길을 올라가기 시작하였다. 그 때였다. 누가,

"얘, 얘."

하고 뒤에서 불렀다. 돌아다보니 노랑 저고리에 잇다홍치마를 입은 어제 그 소녀가 막 뒷방 모퉁이를 돌아 나 있는 곳으로 급히 오는 것이었다.

나는 몹시 반가웠으나,

"왜?"

대답만 하고 그 자리를 움직이지 않고 서 있었다.

소녀는 나 있는 곳으로 올라오더니,

"우리 저리 올라가 놀까."

동산 위를 가리키며 내 얼굴을 들여다본다.

"응."

하고 내가 고개를 끄덕이니까 그는 내 손을 붙들고 동산을 같이 올라가기 시작하였다.

"너 이름이 무어지?"

내 얼굴을 들여다보며 묻는다.

"김시근이."

"어디 사니?"

"계동."

"계동이 어디냐?"

"여기서 아주 멀단다."

이야기하면서 나는 무엇인지 모르게 포근포근한 행복을 느꼈다. 소녀하고 어디까지라도 그렇게 손을 붙들고 걸어가고 싶었다. 그리고 보

니 나도 소녀의 이름이 알고 싶어진다.

"넌 이름이 무어냐?"

"내 이름?"

하고 소녀는 어린애답지 않게 그런 것을 묻는 나를 의외로 생각했던가 방긋 웃고서,

"을순이란다."

하고 대답한다. 나는 소녀에 대해 좀더 알고 싶었다.

"너 이집 새아주머니 동생이냐?"

"아니. 새애기씨는 우리 작은아씨란다."

나는 그 뜻을 알 수 없어,

"작은아씨?"

하고 재차 물었다.

"지금은 새애기씨지만……."

그래도 무슨 뜻인지 알 수 없었지만 나는 더 묻지 않았다. 이것도 나중에 안 것이지만 을순이는 종근 형의 새색시가 시집올 때 데리고 온 교전비였던 것이다. 그러는 동안에 우리는 맨 꼭대기 담 밑까지 왔다. 담 밑은 편편한 잔디밭이었다.

"우리 여기서 놀아, 응."

하고 을순이는 나를 잔디밭에 앉히고 저도 옆에 와 앉았다. 내려다보니 그 큰 집 안채 사랑채들이 큰 고래등같이 눈 아래 엎드리고 그 너머로 어제 저녁때 내가 황홀해 내다보던 강물과 흰 모래밭 탁 트인 경치가 한눈에 보인다. 나는 을순이가 내 손을 조몰락거리는 것이 어째 부끄러워,

"강물은 왜 저렇게 퍼럴까?"

강물을 가리키며 물어 보았다.

"강물이 그럼 퍼렇지 무어."

하더니 을순이는 내 옆으로 바싹 다가앉아 내 얼굴을 똑바로 들여다보

며,

"너 몇 살이지?"

"일곱 살."

"누님 있니?"

"응."

"누님은 몇 살이냐?"

"열다섯 살."

"예쁘지, 예쁘게 생겼지?"

나는 그 때까지 누님을 예쁘다고 생각해 본 적은 없으나 남한테 밉게 생겼다고 하기도 싫어서 '응.' 하고 대답하였다.

"언니는?"

"언니두 하나 있어."

"몇 살이냐?"

"열두 살."

"잘생겼니, 이렇게 너같이."

또 '응.' 하고 대답하려는데 을순이는 별안간 두 손으로 내 양편 볼을 꼭 끼고 바르르 떤다.

을순이의 그런 행동은 나에게도 어쩐지 몸이 자지러지게 기뻤으나 한편으로는 별안간 무서운 생각이 났다. 어째 을순이가 달려들어 때리고 꼬집고 할 것 같았다.

"싫어. 얘 난 싫어."

나는 고개를 흔들며 손으로 내 볼을 낀 을순이의 손을 떼려 하였으나 을순이는 방긋방긋 웃으며 놓으려 하지 않는다.

"싫어, 얘 난 싫어."

나는 아까보다도 더 고개를 내저으며 우는 얼굴이 되었다. 그제서야 을순이는 손을 놓으며,

"아냐, 아냐, 못난이 같으니. 내가 예쁘다고 그랬지 무어."
하더니 잠깐 있다가,
"우리 놀았다구 아무보구두 말 말어 웅."
하고 내 얼굴을 들여다본다. 나는 고개를 끄떡여 비밀을 지킬 것을 약속하였다.
잠깐 있다가 을순이는 무엇을 생각한 듯이,
"아이구, 찾으실 텐데."
하고 벌떡 일어나며,
"우리 이따 또 놀아."
해 놓고 동산 길을 뛰어내려갔다.
을순이 내려가는 뒷모양을 보며 나는 몹시 섭섭했다. 내가 고개를 흔들었기 때문에 내려간 것 같아 후회도 되었다. 이번에 을순이가 또 그렇게 하거든 가만히 있으리라고도 생각하였다. 그러나 곧 나는 이런 생각 저런 생각 다 잊어버리고 동산을 이리저리 뛰기 시작하였다.

6

그 후 나는 창랑정에 며칠 더 있는 동안 을순이와 아주 친해져서 틈만 있으면 같이 뒷동산에 올라가 놀았다. 바구니를 들고 냉이를 캐기도 하고 흙을 헤치고 메를 캐 먹기도 하는 재미는 그 때까지 도회의 한복판을 떠나 본 일이 없던 나에게는 처음 경험하는 신기한 것이었다. 그러는 동안에 하루는 내가 창랑정을 생각할 때 빼놓을 수 없는 인상 깊은 사건이 또 하나 일어났다. 어느 날 저녁때 나는 또 메 캐러 가자는 을순이의 말을 따라 뒷동산에를 올라갔다. 나무 꼬챙이를 들고 이곳저곳 물씬물씬한 흙을 파헤치고 손가락으로 뒤적뒤적하면 오직오직 부러지는 메가 나온다. 겉에 묻은 흙을 털고 입에 넣고 잘강잘강 씹으면 흙

냄새에 섞여 달크무레한 물이 나오는 맛이란 일 전에 둘씩 하는 왜떡이나 눈깔사탕에 비할 것이 아니다. 처음에는 다른 질긴 풀뿌리도 메로 잘못 알고 씹어보다가는 써서 튀튀 하고 뱉기도 했지만 차차로 나도 메와 다른 풀뿌리를 쉽사리 분간하게 되었다. 을순이는 어느 결에 그렇게 캐는지 금방금방으로 한 움큼씩 캐 가지고 와서는 말짱하게 흙을 털어 나더러 먹으라고 준다. 나중에는 두었다 집에 가서 먹으라고 조끼 호주머니가 뿌듯하도록 넣어 주기까지 하였다.

해가 거의 거의 넘어갈 무렵이었다. 을순이는 저편에서 메를 캐고 나는 나대로 흙을 파헤치고 있는데 무엇인지 나무 꼬챙이 끝에 딱딱하게 걸리는 것이 있다. 처음에는 대수롭지 않게 알고 그 옆을 또 찔렀더니 거기서도 무엇인지 또 걸리는 것이 있었다. 궁금해 흙을 이리저리 파헤 쳤더니 무슨 나무 썩은 것 같은 것이 나오고 그것을 또 헤치니까 뿌연 무슨 쇠 같은 것이 보인다.

"얘, 이거 뭐냐."

나는 곧 을순이를 불렀다.

"뭐?"

하며 을순이가 쫓아온다. 을순이는 엎드려 좌우를 더 파헤치며 흙을 털어가며 들여다보더니 별안간,

"칼이다, 칼이다!"

하고 소리를 지르며 일어났다. 그것은 내가 보기에도 확실히 칼이었다. 우리는 땅 속에 가로 묻힌 긴 칼 한 중턱을 파낸 것이었다. 을순이는,

"얘 가만있어. 내 호미 가지구 올께."

해 놓고 동산을 뛰어 내려갔다.

을순이와 내가 한참이나 힘을 들여 파낸 것은 내 키보다도 더 길고 내 힘으로는 쳐들기도 무거운 큰 칼이었다. 썩은 칼집은 군데군데 붙어 있을 뿐 파내는 통에 다 떨어져 갔으나 알맹이는 흙을 대강 떨고 보니

등이며 날이 엊그제 새로 지은 것같이 아직도 생생하였다. 칼자루와 손잡이에는 이상한 조각이 가득하고 찬란한 순금 장식이 눈이 어리게 빛나고 있다.

"얘……."

나는 감격해 소리치며 전신의 힘을 모아 칼을 번쩍 들어 저물어 가는 하늘에 휘둘러 보았다. 저녁 햇빛을 받아 칼끝이 번쩍번쩍한다.

"얘 그러지 말어. 그러지 말어."

말리는 을순이를 제치고 나는 또 한 번 칼을 들어 힘껏 휘둘러 보았다. 옛날 이야기에 나오는 장검을 비껴찬 장수가 된 것같이 장쾌하던 그때의 느낌을 나는 지금도 잊을 수가 없다.

그 칼이 얼마나한 보검이었는지 그 후에 그 칼이 어떻게 되었는지는 나는 모른다. 그러나 그것이 상당히 명검이었던 것은 몇핸지 몇십 년인지를 땅 속에 파묻혀 칼집이 다 썩었으면서도 날에는 대단한 녹도 슬지 않았던 것으로 알 수 있다. 그 날 밤 서강 대신이 칼을 앞에 놓고 눈을 감았다 떴다 하며 감개무량해 하던 그 얼굴은 지금도 눈에 선하다. 서강 대신은,

"허긴 이 집은 옛날에 정 대장이 살던 집이니까."

하고 혼자말하듯 중얼거리며 무슨 깊은 생각에 잠겨 있었다. 정 대장이 누군지 어째서 그런 칼을 땅 속에 묻어 감추었던 것인지 그것도 지금은 알 길이 없다. 그러나 그 칼에는 반드시 깊은 비밀과 숨은 이야기가 있었을 것은 그 날 밤의 서강 대신의 표정으로도 판단할 수 있다. 창랑정의 기억은 대개 여태까지 기록해 온 것에 그친다. 그러나 그뿐이라면 또 그다지 창랑정이 내 머리를 왕래하지 않았을 것이요, 소설의 형식을 빌어 일부러 쓰게까지도 되지 않았을 것이다. 사람이란 일상 현재 눈앞에 있는 것보다도 지나간 것, 없어진 것에 이상히 애착을 느끼는 법이다. 창랑정은 지금은 흔적도 없이 없어졌다. 없어졌기 때문에 창랑정은

더한층 내 향수를 자아내는 것이다.

창랑정의 후일담은 그 자신 한편의 장편 소설이 되겠으므로 이 곳에 쓰지 않거니와 간단히 뼈만 추려 말하면 내가 다녀오던 해로 정경 부인이 돌아가고 그 후 오륙 년이 지나 서강 대신이 구십이 가까운 나이로 마저 돌아가고 그 소상이 지나기도 전에 그 며느님 종근의 할머니도 또 돌아가셨다. 사람만 이렇게 없어진 것이 아니라 이를테면 수백 년 바람 비 겪던 늙은 거목이 매운 겨울을 치르고 난 어느 봄, 소리도 없이 새싹을 돋지 못하듯이 수십 년 영화를 누리던 서강 대신의 집안은 나날이 변하는 세상 풍파에 밀려 불과 몇 해 동안에 여지없이 망해 없어지고 만 것이다.

7

창랑정의 몰락을 재촉한 것은 나의 형뻘되는 종근의 난봉이었다. 어른들이 다음다음 돌아가시자 그 때까지 들어앉아 한문책만 읽고 있던 종근 형이 별안간 머리를 깎고 양복을 입고 기생 오입을 시작하였다. 서강 대신 대상 때에는 벌써 집터까지 남의 손으로 넘어가 창랑정은 텅 빈 껍데기뿐이었다. 그 때 여러 해 만에 아버지를 따라 정든 고향을 찾아들 듯이 다시 창랑정을 나간 나는 너무나 심한 그 변화에 놀라지 않을 수 없었다. 사람들이 득시글득시글하던 옛날의 모습은 그림자조차 찾을 수 없고 집은 무너지는 대로, 마당의 잡초는 나는 대로, 거기다가 그 큰 집에 그 날 모인 사람들이라고는 불과 십여 명에 지나지 않았다. 을순이와 놀던 동산에는 볼 만한 나무 한 주 없고 남치마 입은 새댁들이 득시글거리던 대청에서는 까만 생쥐같이 초라한 형수가 늙은 어멈 하나를 데리고 제수(제사에 쓰이는 음식이나 재료)를 차리고 있었다. 저이가 그 달덩이같이 보이던 형수인가, 나는 내 눈을 의심할 지경이었다.

그 날 밤 서강 대신이 거처하던 큰사랑에는 나의 아버지를 중심으로 일고여덟 분이 둘러앉아 보슬비에 젖은 것 같은 얕은 음성으로 가지가지 회고담을 하고 계셨다. 그 때는 나도 나이 열여섯이라 어른들 말씀을 대강 알아들을 수 있었다. 아버지는 임진란에 창랑정이 진터가 되었었다는 이야기로부터 대원군 시절에 선교사를 학살한 것 때문에 불란서 해군 제독 로즈 장군이 프리모게 이하 군함 세 척을 거느리고 강화도로부터 한강을 쳐 올라와 조정을 발끈 뒤집히게 하며 여러 날을 정박하던 곳이 바로 창랑정 마당 앞이었다는 이야기, 그 때에 조정에서 가장 맹렬하게 '양이' 배척을 주장하던 이는 다른 이가 아니라 선전관으로 계시던 서강 대신 바로 그분이었다는 이야기들을 밤이 이슥토록 하고 계셨다.

굴건 제복*을 입은 몸을 갑갑한 듯이 가끔 굼실거리며 용렬스레 고개를 폭 숙이고 앉아 있는 서강 대신의 증손자 종근을 바라보며 나는 감개무량하게 아버지의 말씀을 들었다. 아버지의 말씀은 가만가만 잔물 흐르는 듯하는데 밤은 깊어서 만뢰가 고요하다. 언뜻 눈을 들어 아랫목 제상을 보니 황초에 켜 놓은 누런 불길이 바람도 없는데 흔들흔들 흔들리어 길게 천장으로 늘어났다가는 도로 짧게 오므라진다.

그 후 다시 거의 이십 년, 나의 아버지도 돌아가시고 나는 내 길을 걸어오는 동안에 창랑정은 아주 흔적도 없이 없어지고 말았다. 종근 형의 식구가 서울 살림을 다 파헤치고 시골 일가 촌중으로 낙향해 간 지도 이미 오래다. 그 동안 나는 창랑정을 잊지는 않았어도 별로 그렇게 심하게 생각하지도 않았는데 올 봄 들어서며 웬일인지 연속해 세 번이나 창랑정 꿈을 꾸었다. 꿈 속에서는 반드시 나는 도로 일곱 살의 소년이며 창랑정 앞 하늘에는 놀이 뜨고 큰사랑에는 서강 대신의 은실 같은 수염과 거물거리는 황초불이 있으며 아버지는 단장을 들어 창랑정을 가리키시고 뒷동산에서는 나와 을순이가 저녁 햇빛을 받고 노는 것이다.

---

* 굴건 제복(屈巾祭服) 상을 당한 사람이 입는 삼베옷과 머리띠.

세 번째 꿈을 꾸었을 때 아침에 일어나니 나는 어젯밤 꿈이 하도 역력해 그리운 마음을 억제할 수 없었다. 생각해 보니 멀지 않은 곳에 있으면서도 서강 대신의 제사날 밤 이후 거의 이십 년이 지난 지금까지 나는 한번도 창랑정에 가 본 일이 없는 것이다. 마침 공일이요 거기다가 시절도 바로 삼월이라 나는 점심을 먹은 후 산보 겸 카메라를 메고 집을 나섰다.

　처음 타 보는 당인리행 기동차를 타고 서강에서 내려 나는 옛날 기억을 더듬어 창랑정을 찾아가려 하였다. 그러나 이상스레도 그 산이 어느 산이든가, 그 집이 어느 집이든가, 꿈 속에서는 그렇게 똑똑하던 곳이 실지로 가보니 도저히 찾을 수가 없었다. 겨우 근사해 보이는 곳을 찾기는 하였으나 집 뒤 산이던 곳은 발간 북더기요 그 밑 창랑정이 있던 듯이 생각되는 곳에는 낯모르는 큰 공장이 있어 하늘을 찌를 듯한 굴뚝으로 검은 연기를 토하고 있었다.

　너무나 심한 변화에 실망한 채 나는 한참이나 공장 앞마당 석탄재 쌓인 위를 거닐며 꿈 속의 기억을 되풀이하여 보려고 하였다. 마당 앞 낭떠러지 밑 푸른 강물은 옛날과 마찬가지로 출렁거리고 있다. 그러나 음산하게 찌푸린 하늘에서는 봄이라 해도 오슬오슬 쌀쌀한 바람이 불어 내려올 뿐. 끊임없이 왈가닥거리고 돌아가는 기계 소리는 애써 옛 기억을 더듬으려는 내 머리를 여지없이 혼란시킨다.

　창랑정은 추억의 나라, 구름과 안개에 싸인 꿈의 저편에만 있을 수 있는 존재였던가! 나른한 추억에 잠겼던 내 정신은 차차로 굳센 현실 앞에 잠 깨 온다. 문득 강 건너 모래밭에서 요란한 프로펠러 소리가 들린다. 건너다보니 까맣게 먼 저편에 단엽 쌍발동기 최신식 여객기가 지금 하늘로 날아오르려고 여의도 비행장을 활주 중이다. 보고 있는 동안에 여객기는 땅을 떠나 오십 미터 백 미터 이백 미터 오백 미터 천 미터 처참한 폭음을 내며 떠 올라갔다. 강을 넘고 산을 넘고 국경을 넘어 단숨에 대륙의 하늘을 무찌르려는 전금속제 최신식 여객기다.

정비석

성황당

성황당

"제에길, 뭘 허구 송구 안 와!"

순이는 저녁밥 짓는 불을 다 때고 나서, 부지깽이로 닫힌 부엌문을 탕 열어젖히며, 눈 아래 언덕길을 내려다보았다. 그러나 아래로 아래로 뻗은 길에는 사람은커녕 개새끼 하나 얼씬하는 것 없었다.

한참 멍하니 내려다보고 있던 순이는 다시 아까와 같이 중얼거리면서 부엌 바닥을 대강대강 쓸어, 검부러기를 아궁에 지펴 넣는다. 그러고 나서 이번에는 빗자루를 든 채 뜰 아래로 나서더니, 천마령 위에 걸린 해를 쳐다본다. 산골의 해는 저물기 쉬웠다. 아침 해가 앞산 위에 떴나보다 하면, 벌써 뒷산에서는 해가 저물기 시작하였다.

그러기로 신새벽에 집을 나갈 때에 그렇게나 신신당부를 했으니, 여느 장날보다는 좀 일찍 돌아와야 할 것이고, 그러니까 이맘때에는 으레 돌아왔어야 할 텐데. 아무튼 순이는 기다리기가 몹시도 안타까왔다.

하긴 여느 때 마련하면 아직도 돌아올 무렵이 멀긴 했지만, 순이는 공연히 마음이 초조했다.

그도 그럴 것이, 붉은 고사*댕기 한 감과 흰 고무신 한 켤레를 가져 볼 생각을 하면 금방도 어깨춤이 덩실덩실 나왔고, 인제 보름만 있으면 붉은 댕기에 흰 고무신을 신고, 오 리 밖에 있는 큰 마을에 그네 뛰러 갈 것을 생각하면 금시로 엉덩이가 절로 들썩거려졌다.

어느덧 밥이 바지적바지적 잦는다. 순이는 솥뚜껑을 열어 보고 나서는 또 밖으로 나와 언덕 아래를 내려다보았다.

아직도 아무것도 보이지 않았다. 순이는 이맛살을 찌푸렸다. 순이는 아까 집을 나갈 때의 남편의 말을 생각해 보지 않을 수 없었다.

"올 수리(단오)날이 송구 보름이 남았는데, 벌써부터 댕긴 사다 뭘 해? 그럴 돈이 있으문 술이나 사 먹지! 참, 오늘은 강냉이 한 말 사구, 남는 돈은 술이나 한 잔 사 먹어야겠군!"

하던 현보의 말에 순이는,

"흥! 그래만 보갔디! 난 아예 달아나구 말걸!"

하고 대꾸를 하며 남편을 따라 웃고 말았지만, 아직도 돌아오지 않는 것을 보면 그 때 현보의 말이 노상 농담만도 아니었던 것 같다.

정말 현보는 남은 돈으로 술을 사 먹는 것이나 아닐까? 술을 그렇게 좋아하는 현보의 일이니, 사실 그럴는지도 모른다고 순이는 점점 불안스러워서, 이제는 집 뒤 언덕으로 기어올라 더 멀리를 바라보았다. 그래도 아무것도 보이지 않는다.

그래 순이는 집 앞에 있는 느티나무 아래 성황당에 돌을 던져서, 제발 남편이 신발과 댕기를 사 오기를 축수하고 나서, 짜장 댕기와 고무신을 사오지 않으면 사생 결단으로 싸워 보리라 마음먹었다.

그래도 마음은 놓이지 않았다. 가만 있자, 현보가 술 먹어 본 지가 한 달……아니 허 좌상네 제사 때 먹은 것이 마지막이었으니, 장근 두 달

＊ 고사(庫紗) 감이 두껍고 깔깔하며 윤이 나는 비단의 한 가지.

이나 되었다. 정말 오늘은 댕기 살 돈으로 술을 사 먹을는지 모른다. 그러기에 아직도 안 오는 게지. 숯 두 섬 팔아서 강냉이 한 말하고 댕기한 감에 신 한 켤레 사기는 잠깐일 것이 아니냐? 술만 안 먹는다면 벌써 돌아온 지 오래였을 것이다.

저녁해가 천마령 너머로 잠기고 말았다. 산골짜기에는 산들바람이 불었다. 나뭇잎이 설렁설렁 갈리고, 그런 저녁이면 으레 뒷산 숲에서는 부엉새가 운다. 순이는 차차 불안스러웠다.

밥을 담아 놓기까지 부엌 문턱이 닳도록 드나들었건마는 아무런 소용도 없었다. 밥을 담아 놓고는 가만히 서 기다릴 수가 없어, 힝하니 언덕길을 내려갔다. 언덕길을 다 내려가면 다시 이번에는 맞은편 언덕길을 추어 올라야 한다. 이 언덕이라는 것이 이른바 삼 천마 —— 귀성 천마, 삭주 천마, 의주 천마라는 큰 재였다. 이 재를 경계로 하고 귀성, 삭주, 의주의 세 고을로 나누어진 것이다. 이 재의 꼭대기까지 오르자면 시오 리는 넉넉히 되었다.

순이는 가쁜 숨을 쉴 새도 없이 두 활개를 치면서 올랐고, 꾸부러진 굽이를 돌 때마다 고개를 들어 머리 위로 보이는 길을 쳐다보곤 한다. 장꾼도 이제는 거근해서 간혹 한두 사람씩 보일 뿐이었고, 멀리서 두런거리며 걸어오는 발소리가 들릴 때마다 행여 현보가 아닌가 하고 가슴을 죄었으나 막상 마주치고 보면 생면부지의 남들이었다. 그런 때면 순이는 가만히 한숨을 쉬면서 맥 풀리는 다리를 가누며 언덕을 올랐다. 언덕을 오르기만 하면 내림길 시오 리는 한눈에 바라볼 수 있었다. 순이는 점점 골이 났다. 제길! 만나기만 하면 댓바람에 멱살을 부여잡고 악다구니를 쓰리라 하였다.

어느덧 황혼이 짙었다. 깊은 산골짜기에서 피어나기 시작한 황혼은 나무를 에워싸고 개울을 덮고 산허리로 해서 야금야금 산마루로 뻗기 시작하였다. 바람이 여느때보다 차갑게 불었다. 갓나온 떡갈나무잎이 바람을 맞아 사르륵사르륵 소리를 내고 있었다. 길 옆 숲 속에서는 금방 범이나 산돼지가 튀어나오지 않을까 싶게 굴 속같이 캄캄하였다. 그러나 순이는 그런 것은 조금도 무섭지 않았다. 산에서 나서 산에서 자란 순이였다. 순이는 현보가 붉은 고사 댕기와 흰 고무신을 사 가지고 올 것을 생각하면 아무것도 두렵지 않았다. 그는 다시 발을 빨리 놀렸다.

순이가 천마령을 십 리나 추어 올랐을 때, 저편에서 흥어리 타령을 하며 오는 사람이 있었다. 그 음성은 틀림없는 현보였다.

그것이 현보인 것을 알자, 대뜸 순이의 가슴은 덜컥 내려앉았다.

산골에 귀물은 머루나 다래,

인간의 귀물은 우리 님 허리…….

이것은 현보가 아는 단 하나의 노래였고, 그리고 현보는 으레 술이 얼근히 취해야만 이 노래를 부르는 것이 아니었던가?

순이는 그 노래를 듣자, 댕기도 고무신도 '허얄낭창' 이로구나 생각하니, 가슴 밑바닥에서부터 끓어오르는 분노를 참을 수 없어 길가에서 딱 버티고 서며, 주먹을 불끈 쥐고 어둠 속에서 가까이 오는 현보를 노려보았다. 현보는 등에 짐을 걸머진 채 흥얼거리며 그대로 지나가려다가 다시 한 번 쳐다보니, 그제야 순이를 알아보고 깜짝 놀라며,

"순인가? 너 어떻게 여기까지 왔네? 올치, 내 마중 왔구나, 응."
하고 얼근히 취한 혀를 굴리며 순이의 어깨를 붙잡으려 한다.

"그래, 신은 사 오는 거요?"
순이는 현보의 팔을 뿌리치며 독기있는 말로 톡 쏘았다.

"뭐? 그럼 날 마중 나온 게 아니구, 신 사오는가 해서 여기꺼정 왔구나, 응? 허허, 신? 사 오구 말구! 쌔헌 고무신, 순이 신을 고무신, 말쑥헌 하이칼라 신, 사 오구 말구!"
하며 현보는 다시 순이의 치맛자락을 붙잡았다. 순이는 천만 뜻밖에도 신을 사 온다는 바람에 단박 감정이 풀리며 반갑기만 해서 아무 반항도

하지 않았다.

"정말 사 오우?"

"그럼 안 사 올까, 원! 순이 고무신을 내래 안 사다 주문 누구래 사다 준다구!"

"어디 좀 봅수다."

순이가 채근하기 전에 현보는 진작 부스럭부스럭하더니 고무신 한 켤레를 등짐에서 끄집어 내어 순이에게 주면서,

"여기서 한 번 신어 보련?"

하는 현보의 말에,

"글쎄, 좀 쉬어 갑수다."

둘은 길 저문 줄도 모르고 길섶 풀밭 위에 나란히 주저앉았다. 순이는 얼른 종이를 풀고 어둠속에서도 눈처럼 흰 고무신을 보자, 입이 헤작해지며 다 해어진 짚신을 벗고 새 고무신을 신어 본다.

"맞디?"

"응! 아니, 좀 크우다래! 겨냥보다 큰 걸 사 왔수다래."

"좀 큰 편이 날 것 같아서……."

"그래두 과히 큰가 봐."

"좀 큰 편이 낫대두 그래! 올 한 해만 신을 것두 아니구……. 발은 크지 않나 원!"

"크문 돈두 더 허디 않갔소?"

"돈은 같애! 아따, 같은 값이면 처녀라구, 돈이 같기에 큰 걸 사 왔디."

"돈은 같아요? 그럼 큰 거 낫디 뭐……. 참 댕긴?"

순이는 그제야 생각난 듯이 댕기 독촉을 하였다.

"댕기 생각두 났지만, 댕긴 시집 올 때 디리구 온 거 있잖은가?"

"아구만나! 시집 올 때 웬 댕기래 있었나, 뭐? 시집오던 날 디리구 온

건 놈(남) 해래 돼서 사흘 만에 도루 돌려 주디 않았소?"

"아, 그랬던가? 난 또 시집올 때 디리구 온 댕기 생각이 나기에 옳다 잘됐다, 오늘은 댕기 값이 남았으니 술 먹을 돈이 생겼다구 막걸리 몇 잔 걸티구 왔디! 난 참 그런 줄은 깜빡 잊었드랬구먼, 허! 그러니 헐 수 있나, 다음 당(장)에는 꼭 사다 주디."

"여보, 그렇게야 놈으 생각을 못 해 주갔소?"

"아니! 생각을 못 헌 거 아니라, 있는 댕기야 또 사 올 거 없갔기 그랬디. 내가 님자 댕기 사 오는 거 아까워 그랬간나? 그렇지 않어? 응 순이!"

하며 현보는 순이의 허리를 껴안았다. 순간 술냄새가 물씬 얼굴에 끼얹혔다.

"아이구 망칙해라!"

"망칙은 무슨 망칙, 아무개두 보는 사람 없는데!"

하고 현보는 성난 범처럼 덤벼들었다. 순이는 고무신 사다 준 것만도 다행으로 여겨 아무 반항도 하지 않았다.

어느덧 열여드렛 달이 천마재 위에 비죽이 솟았다. 산 속은 괴괴하다. 나무 사이로 세차게 흐르는 달빛이 더욱 적막을 돋우었다. 숲 위에서 반짝이는 별들만이 순이와 현보를 지키고 있었다.

어디선가 간혹 접동새 울음이 들려왔고, 그것이 그치면 알지 못할 산 짐승이 짝을 찾는 듯, 구슬프게 우는 소리뿐이었다.

순이는 밤새도록 자지 않고 신만 신었다 벗었다 하였다. 신 코가 뾰족한 것도 신기스럽거니와, 휘어잡으면 한옴큼 되었다가도 손을 놓으면 팔딱 제 모양대로 돌아지는 것이 퍽은 재미스럽다. 순이는 버선 위에도 신어 보고 맨발에도 신어 보았다.

그는 참말 별안간에 하늘에 올라간 것만큼이나 기뻤다. 이런 신은 아무리 돈 많은 사람이라도 함부로 신을 것이 못 되어 보였다. 아랫마을에도 흰 고무신 신은 여편네라고는 구장댁 한 사람뿐인 것만 보아도 알 것이라고, 순이는 등잔을 끄고 그만 자리라고 자리에 누웠다가도 다시 불을 켜고는 고무신을 어루만져 본다. 그리고 이런 모든 것이 성황님의 은덕이라고 믿는 것이었다. 순이는 시집올 때에 성황당 앞에서 배례하고 배필이 되기로 맹세한 것을 새삼스러이 행복되게 생각하는 것이었다.

순이는 이 세상 모든 재앙과 영광은 성황님께서 주장하는 줄로만 믿는다. 순이가 처음 시집왔을 때, 시어머니는,

"우리 집 일은 무엇이나, 앞에 계신 성황님께 빌면 순순히 되는 줄만 알아라."

하고 타이르던 것과, 시증조부모 때에 한 번 성황님께 불공했다가, 집이 도깨비불에 타고 말았다는 말까지도 잊혀지지 않았다.

순이는 지금 고무신을 신게 된 것도 틀림없는 성황님의 은덕이라고 믿는다.

이튿날 아침 순이는 먼동이 트기 전에 일어나서, 신을 또 한 번 신어 보고는 밖으로 나와 이리저리 돌아가며, 돌을 주워 들고 성황당 앞으로 가 공손히 던졌다.

순이는 성황당에 돌을 던질 때가 가장 행복스러웠다. 돌을 여남은 개 던지고 나서는 고개를 수그려 합장 배례하고 잠깐 섰다가 집으로 돌아왔다. 그러자 현보도 잠이 깨어 옷을 걸치며 마당으로 나왔다. 숯가마에 일하러 가는 것이었다.

"곤허갔는데, 좀더 자구 가구래."

순이는 고무신 사다 준 것이 생각할수록 고마와서 현보를 보고 발쭉 웃었다.

"괜찮어! 어서 가 보야디."

현보도 순이를 보고 히쭉 마주 웃고 나서, 눈을 비비며 집 뒤 등마루

로 올라간다.

숯가마는 고개 너머 산골짜기에 있었다. 현보가 한창 고개를 올라가 노라니까 순이는 생각난 듯이 큰 소리로,

"여보! 여보!"

하고 급히 쫓아오며 현보를 불렀다.

"와 그래?"

"좀 왔다 가우! 왔다 가라구요!"

하고 순이는 소리를 질렀다. 이윽고 현보는,

"와 그루? 와 그래?"

하며 순이에게로 되돌아왔다.

"인자 갈 때 성황님께 비는 것 잊어버렸디요?"

"난 또 큰변 났다구!"

"그럼, 큰변 아니구요! 성황님께 불공했다간 큰 변 나는 줄 모르우?"

하면서 순이는 벌써 돌을 열 개나 남짓 모아다가 현보에게 주면서 던지라고 한다.

현보는 돌을 받아서 공손히 던졌다. 그러고 나서 합장하였다. 현보는 다시 순이를 쳐다보며 웃고 나서 집을 떠날 때에 퍽 행복스러웠다. 나이 스물여덟이 되어서야 겨우 아내랍시고 코를 질질 흘리는 열네 살짜리 순이를 데려온 것이 어제 일 같은데, 순이는 벌써 열여덟이 되어서, 이제는 제법 아내 꼴이 박혔고, 게다가 기특하게도 남편에게 재앙이 없도록 성황님께 축수하기를 잊어버리지 않는 것을 보고는 현보는 그지없이 마음이 흐뭇하였다.

현보에게는 이 천마령과 순이만이 온 천하의 모든 것이었다. 순이만 있으면 현보는 조금도 외로울 것이 없었다. 그리고 또, 이 천마령에 있는 동안에는 잡나무도 끝이 없을 것이요, 그리고 보면 숯구이도 끝이 없을 것이니 먹기 걱정은 영 없었다. 세상이야 어떻게 변동되건 어떤

풍파가 일어나건, 그런 것은 현보에게 아무런 상관도 없었다. 세상일로서 현보와 관계되는 것이 있다면, 그것은 오직 숯값이 내리는 것뿐이었다. 그러나 그것도,

"제길! 제아무리 멋하기로니 제놈들이 숯이야 안 쓰구 배겨날 수 있나 원!"

하고 생각하면, 그것조차 걱정될 것이 없었다. 현보는 그저 행복스러웠다.

전나무, 잣나무, 박달나무, 물푸레나무, 떡갈나무, 쉥나무……아름드리 나무, 나무들이 기운차게 활기를 쭉쭉 뻗고 별 겯듯 서 있는 숲 속을 거닐면서 현보는 다시 빙그레 웃었다.

무성한 나무, 나무! 그것은 얼마나 친근한 현보의 벗이었으리요!

순이도 떼어 버리고는 살 수 없을 만큼 사랑스럽다. 그러나 현보에게는 이 나무들도 순이보다 조금도 못지않게 사랑스러웠다.

봄이 오면 나뭇잎이 싱싱하게 생겨나고, 그래야만 현보의 마음에도 봄이 오는 것이었다. 친근하기로 말하자면 산은 말할 필요조차 없다. 온갖 나무를 키워주고 온갖 풀을 키워주는 것이 산이 아니더냐?

현보를 낳아 준 것도 산이었고, 현보를 먹여살리는 것도 산이었고, 현보의 어머니가 마지막으로 돌아간 곳도 역시 산이 아니더냐?

현보는 산 없는 곳에서는 하루도 살지 못할 것 같았다. 이런 생각을 하는 사이에 어느덧 현보는 숯가마에 다다랐다.

숯가마 속에는 그저께 차곡차곡 모아넣은 나무들이 그대로 있었다. 현보는 옆에 쌓여 있는 불나무를 도끼로 패기 시작했다. 도끼를 번쩍 들어 뒤로 견줄 때마다 턱 버그러진 구릿빛 앞가슴의 근육이 불끈 내솟았다가는, 도끼를 탁 내리갈기면 어깻죽지가 불쑥 부풀어오르고 그와 동시에 장작이 팡 하고 두 갈래로 갈라지는 것이었다. 이렇게 한번 한번 내리갈길 때마다 도끼 소리는 쩌르렁 산에 울리고, 조금 있으

면 또 쩌르렁 하고 맞은편 산에서 메아리가 들려오는 것이었다.

그리하여 현보는 혼자이면서도 장단 맞추어 둘이 일하는 때와 꼭같이 조금도 힘이 들지 않았다.

한참 패고 나서는 하늘을 우러러본다. 해는 조반 때가 훨씬 겨웠다. 아침 해는 벌써 천마령 꼭대기를 벗어났다. 현보는 이번에는 언덕길을 올려다보았다. 아직도 순이가 조반을 가져오는 것이 보이지 않는다.

패던 장작을 마저 패고 허리를 펴며 일어서니, 이제껏 안 보이던 순이가 어느 틈에 눈앞에 나타났다.

"아아니, 금방 안 보이더니 어느 틈에 왔어?"

"쳐다보기에 나무그늘에 숨었드랬어, 히히!"

"요, 앙큼한 것이……."

하고 현보는 때려 갈길 듯이 을렀다며며 싱글 웃는다.

"힝!"

순이는 입술을 배쭉 내밀어 보이고 나서 현보를 따라 풀밭에 주저앉더니 바구니를 연다. 바구니 속에서는 강낭밥 두 그릇과 산나물이 나왔다. 그리고 맨 마지막으로, 삶은 감자 다섯 개가 나왔다.

"응! 웬 감잔구?"

"궐 자시라구 삶아왔디, 히히힝!"

하고 순이는 연방 싱글벙글하였다.

"감자가 송구 남아 있었던가?"

"요것뿐야! 궐 생일날 쓰려던 걸 오늘 삶아 왔단 말야!"

하고 순이는 수줍은 듯이 고개를 비튼다.

현보는 눈물이 핑 돌도록 고마웠다.

조반을 마치자, 현보는 지게를 지고 나무하러 산 속으로 들어가고, 순이는 숯가마에 불을 때기 시작하였다. 순이는 불나무를 한 아궁이 그득히 지펴 넣고는 바구니를 끼고 나물하러 나섰다.

겨울이 어제 같더니 어느덧 산에는 맛나물이 두 치나 자랐다. 이윽고 고사리도 돋아나리라고 생각하면서 순이는 눈에 띄는 대로 맛나물, 알바꾸기, 소리채, 민들레……. 이런 것을 캐어서는 바구니에 넣고 넣고 한다. 그러다가는 다시 숯가마에 와서 불이 스러지지 않도록 나무를 지펴 넣었다.

　해는 중낮이 되었다. 별 겯듯 빽빽이 서 있는 나무숲 속도 훤히 밝았다. 겹겹이 쌓인 숲 속에서는 졸졸졸 얼음 녹는 물이 흐르고 있다.

　온 산은 적막 속에 잠겼다. 산새도 울지 않는다. 다만 보이지 않는 곳에서 종달새 소리가 들려올 뿐이었고, 그것마저 구름 속에 잠겨지자, 생각난 듯이 미라부리가 한 곡조 부르면서 멀리로 날아갈 뿐이었다. 순이는 나물을 캐다 말고, 미라부리 사라진 먼 하늘을 고요히 우러러보고 있었다. 그런 때에는 순이도 자연의 한 부분에 지나지 않았다.

　산 속의 봄은 유난히 짧다. 뻐꾹새가 울어서 봄이 왔나보다 하고 한 겨울의 칩거에서 해방되어 산으로 오르기 시작하면, 벌써 두견새와 꾀꼬리가 노래를 부르고, 뒤이어 매미가 '맴맴맴 맴맴맴' 하고 한가로운 산속의 여름날을 돕는다. 그러기에 산사람들에게는 봄보다도 여름이 더욱 친근하였다. 하루하루 산은 무성하는 나뭇잎으로 무거워 가고 각색 새들의 노랫소리에 산사람의 마음은 흐드러져 간다.

　할미꽃, 앉은뱅이, 진달래가 한물 지나고, 도라지꽃, 제비꽃, 학이꽃, 범부채*, 물구지, 소리채……가 먼저들 다투어 필 무렵이면, 스러졌던 잔디밭에서도 새싹이 머리를 들고, 그러노라면 풀밭

* 범부채　붓꽃과의 여러해살이풀. 잎은 넓은 칼 모양이고 넓게 퍼져 질부채 비슷하다. 7~8월에 황적색에 짙은 얼룩점이 있는 꽃이 핀다.

범부채

에서는 민충이, 식세리, 귀뚜라미가 노래를 부른다. 토끼가 춤을 추고, 여우, 노루가 양지 쪽에서 낮잠을 자는 것도 그런 때이다.

한나절이 되자 날은 점점 무더워 왔다. 사방이 병풍으로 휘두른 듯 산으로 감싸여 있었고, 게다가 나무가 들어차서, 바람 한 점 얻을 수 없었다. 순이는 아궁이 속을 한참 휘저어 불을 되살리고 나니, 얼굴이 활활 달아오르고 전신에 땀이 물 흐르듯 하였다.

벌거벗은 웃통에서도 젖가슴 새로 땀방울이 줄줄 흘렀다.

순이는 나무를 듬뿍 지피고 나서는 저고리를 벗어 든 채 개울가로 내려왔다. 그래서 그는 치마와 베바지마저 훨훨 벗어 돌 위에 내던지고, 첨벙 물 속으로 뛰어들었다. 산골 물은 옥구슬처럼 맑고 얼음처럼 차가웠다. 순이는 젖통까지 물 속에 잠궈서, 두 손으로 물을 앙구어 세수를 하고 나서는, 어깨와 목덜미에 물을 끼얹고 그리고는 앞가슴을 씻었다. 한참 멱을 감고 나니 몸은 날 듯이 가벼워졌다.

순이는 물에서 나와 몸을 말리고 나서 옷을 입으려고 바위에 앉으려니 바위가 몹시도 따가워 찬물을 두어 번 끼얹고 앉았다.

이제껏 맑던 하늘에 어느새 검은 구름이 한두 점 나타났다. 소나기가 오려는가 하고 고개를 드니, 천마령 위에서는 먹장을 갈아부은 듯한 구름이 자꾸 솟아올랐다. 순이는 어서 소나기 내리기 전에 숯가마에 나무를 듬뿍 지펴 넣어야겠다고 생각하면서 부산히 옷 둔 곳으로 달려와 보니 분명히 돌 위에 놓아 둔 옷이 없어졌다. 혹시 딴 데 놓지 않았나 하고 벌거숭이 채로 이리저리 아무리 찾아도 보이지 않는다.

"숯가마에 벗어 놓구 왔나?"
하면서도 분명히 숯가마에는 벗어 두지 않아서 아래위로 샅샅이 찾아보아도 보이지 않았다.

순이는 '귀신이 곡을 할 노릇'이라고 혼자 안타까워 돌아가노라니까, 저편 숲 속에서,

"하하하하하!"

별안간 커다란 웃음소리가 들려왔다. 순이는 깜짝 놀라 본능적으로 아래를 가리며 맞은편 언덕을 처다보니, 숲 속에서는 당꼬바지 입은 산림 간수 김 주사가 자지러지게 웃으면서 순이의 옷을 처들어 보인다.

'제길! 망할 쌍놈의 새끼!'

순이는 속으로 이렇게 욕하며,

"입성* 갖다 달라요 거!"

하고 커다란 소리로 고함쳤다.

"이거 입성 아니가! 갯다 입갔디! 누구래 입딜 말래나?"

하고 김 주사는 여전히 빙글빙글 웃었다.

"놈으 입성은 와 개갔소? 와 개가시요?"

"내래 개왔나, 뭐?"

"고롬 누구래 개가구? 날래 갯다 달라구요, 여보!"

"갯다 입으야지, 누구래 갯다꺼정 줄꼬?"

"글디 말구, 갯다 주구래, 여보!"

"자, 이놈어 송화(성화)야 받아 주나."

하고 김 주사는 순이의 옷을 들고 개울가로 내려온다.

"싫어요! 오디 말라요! 아이구 망칙해 죽갔다."

김 주사가 가까이 오자 순이는 돌아서며 발을 동동 굴렀다.

"자, 이런 송화가 있나! 입성 갯다 달라기 개져가문 또 오디 말라구? 그럼 난 몰루."

하고 김 주사는 풀밭에 옷을 내던진다.

"거기 놔두구, 더기 멀리루 가라구요!"

"가구 안 가구야 내 맘이디 머."

---

*입성 옷가지.

"글디 말구, 어서 더기 가라구요. 점단은(점잖은) 양반이 거 뭘 그루."

"허, 이거 참."

하며 김 주사는 숯가마 쪽으로 몇 걸음 걸어간다. 김 주사가 옷 있는 곳에서 멀리 간 다음에 순이는 얼른 옷을 입으려고 뛰어갔다. 그러자 그와 동시에 김 주사는 순이에게로 달려오면서,

"뭐어 뭐어, 이놈어 멧돼지 봐라! 뭐어 뭐어."

하고 무슨 산짐승이라도 몰아 쫓듯이 두 팔로 휘얼휠 활개를 치며 달려온다.

순이가 재빠르게 바지를 추서 입자, 달려온 김 주사는 순이의 저고리를 빼앗아 들었다.

"글디 말아요. 여보! 점단은 양반이 거 뭘 그루?"

"난 점단티 못해."

"조고리 날래 달라요, 여보!"

"뭘 줘! 길에서 얻은 조고릴 내래 와 줄꼬?"

"어서 달라구요!"

하고 순이는 짜증을 내면서 웃통을 벗은 채 김 주사에게 덤벼들었다.

"글쎄, 못 준대두."

하고 김 주사는 저고리를 등 뒤로 돌리면서 연적처럼 토실토실하고 고무공처럼 탄력있는 순이의 젖통을 검칙스러운 눈으로 바라본다.

"어서 달래는데 그래요!"

"그럼 줄 테니, 내 말 듣디?"

"말은 무슨 말이라구 그루! 어서 달라요."

"글쎄, 내 말 듣디?"

"엉! 들을 거니 조고린 주구래."

"정말 듣디?"

"응! 들어."

"거짓부리 아니디?"

"정말 들을 거니 조고린 달라구요!"

김 주사는 그제서야 만족한 듯이 빙그레 웃으면서 순이에게 저고리를 건네주었다. 순이는 저고리를 다 입고 나서,

"흥! 개떡 겉다. 누구래 말을 들을 줄 알구!"

하고 홱 돌아서더니 숯가마께로 힝하니 달아난다.

"순이! 정말 이러기야?"

하고 김 주사는 잠깐 멍하니 선 채 순이의 뒷모양을 바라보다가 별안간 순이 뒤를 따라온다.

순이는 숯가마에 다다르자 씁씁하니 시치미를 떼고 아궁이에 장작을 몰아 넣는다. 아까부터 퍼지기 시작한 검은 구름이 이제는 하늘을 휘덮고, 써늘한 바람이 휙 지나간다. 굵은 빗방울이 드문드문 떨어진다. 산에서는 별안간 나뭇잎 갈리는 소리가 소란하였다. 덮눌러온 김 주사는 순이에게로 와락 달겨들더니 가쁜 숨으로,

"순이! 정말 말 안 들을 테야?"

"누구래 말을 듣갔다기 추근추근 이래?"

"분홍 갑사저고리 사 줄 테니 말 들어 응!"

"싫어 글쎄! 분홍 갑사저고리 누구래 입갔대기! 흥!"

하면서도 아닌게아니라, 순이는 분홍 갑사저고리가 입고 싶지 않은 것은 아니었다.

그러나 순이는 김 주사의 행실머리가 아니꼬왔다.

현보네 집에 늘 놀러 오는 사람 중에 순이를 눈에 걸고 있는 사람이 둘이 있었다. 하나는 김 주사이고, 또 한 사람은 산 너머 광산에서 일하는 칠성이었다.

칠성이는 돈벌이는 김 주사만 못해도 생긴 품은 김 주사 열 곱 잘생겼다. 그러기에 순이는 마음을 허하자면 김 주사보다는 오히려 칠성이

편이었다. 칠성이에게 오늘처럼 이런 곳에서 시달린다면…… 하고 생각하다가, 순이는 속으로 고개를 설레설레 흔들었다.

'칠성인 다 뭐래. 현보가 있는데.'

김 주사는 잠깐 궁리하다가,

"정말 싫으니?"

"정말 싫어요!"

소나기는 내리붓기 시작하였다. 거기 따라 순이의 마음도 점점 굳세어 갔다. 순이와 김 주사는 숲 속으로 들어가서 비를 그었다.

"너, 나허구 틀렸다가는 큰일 날 줄 모르니?"

"흥! 난 그까짓 큰일 무섭디 않아!"

"정말? 너의 현보가 오늘두 소나무 찍는 것을 내 눈으루 보구 왔는데두?"

"그래, 소나무 찍었으문 와 어때?"

"너, 올봄부터 허가 없이 소나무를 찍었다가는 징역가는 법이 생긴 줄 모르니?"

"알문 어때? 빌어먹을! 다 성황님이면 고만이지 뭘 그래."

순이는 순이대로 김 주사가 엄포할수록 저도 뻗대었다. 법이라는 것이 은근히 무섭지 않은 것도 아니지만 그렇다고 김 주사 따위에게 슬슬 기고 싶지는 않았다.

그까짓것 성황당에 축수만 하면 그만이 아니냐? 싶었던 것이다.

"순이! 그러지 말어! 내가 모르는 체하구 눈감아 줄 테니 내 말 한 번만 들어!"

"난 싫대두 그래!"

"그럼, 현보 징역 가두 좋니?"

"징역을 와 가? 뭣 때문에? 힝!"

순이는 입술을 비쭉 내밀어 보였다. 그러자 김 주사는 하도 예뻐 못

참겠다는 듯이 순이에게로 달려들어 허리를 휘어감으려 하였다. 순이
는 그 순간 날쌔게 몸을 비키었다.

　비는 체굽으로 받듯 내리쏟았다. 숲 속에도 빗방울이 떨어지기 시작
하였다. 김 주사는 또 잠깐 겸연쩍은 듯이 가만히 서 있다가,

　"정말 안 들을 테냐? 똑똑히 말해 봐!"

　그렇게 다지는 두 눈은 쌍심지를 켠 듯 몹시 충혈되었다.

　음성은 비수같이 날카로웠다. 그러나 순이는 범을 보고도 놀라지 않
고 자라난 탓으로 아무렇지도 않은 듯이,

　"글쎄 백 번 그래야 소용없대두."

하고 도리질을 하였다.

　그 말을 듣자, 김 주사는 성난 표범처럼 순이에게로 덤벼들어 순이를

휘어넘기려 하였다. 순이는 휘끈 뒤로 자빠지려던 다리에 힘을 주어 떡 버티고 서며, 붙잡힌 저고리 소매를 탁 낚아채려 하는 순간에, 벌써 사내의 뜨거운 입술이 이마에 와 닿았다.

순이는 더 참을 수 없어,

"쌍 개같은 놈어……."

하면서 눈알이 빠져라고 사내의 면판을 휘갈기고, 제비같이 날쌔게 숲 속에서 뛰어나와 채굼 받듯 하는 비를 맞으며 언덕길을 휙휙 달리어 집으로 돌아온다. 숲 속에서는 뺨 맞은 사내가 달아나는 순이의 뒷모양을 노려보면서,

"이년 두고 보자!"

할 뿐이었다.

비는 좍좍 내리쏟는다. 비안개에 싸여, 산도 하늘도 보이지 않는다. 만산이 한참 흐드러지게 웃는 것처럼 나뭇잎 와슬렁거리는 소리뿐이다.

한참 언덕을 오르던 순이는 사내가 따라오지 않는 것을 알자, 발을 멈추고 코로 입으로 흐르는 빗물을 씻는다. 그리고 나서 상그레 웃으며 뒤를 돌아보고는 다시 언덕을 추어 오른다.

순이는 비가 좀더 억수로 퍼부었으면 싶었다. 비가 퍼부으면 퍼부을수록 마음이 튼튼해질 것 같았다. 고개를 다 오른 때에는 순이는 벌써 지나간 일은 깡그리 잊어버리고, 집에 가면 흰 고무신 신어 볼 생각에 마음은 날뛰었다. 발부리에서 메추리가 포드드드 날아갔다.

비는 자꾸만 자꾸만 퍼부었다.

이틀이 지나자, 산림 간수 김 주사가 읍내 순경과 함께 현보를 잡으러 왔다. 현보는 아무말도 못하고 얼빠진 사람처럼 한참은 발부리만 내려다보고 있었고, 따라온 김 주사만이 뜻있는 웃음을 빙글빙글 순이에게 건네고 있었다.

순이는 어안이 벙벙하였다.

"날래 가! 빨리 빨리!"

하는 순경의 재촉에 마지못하여 현보는 무거운 발길을 옮겨 놓으면서, 글썽글썽 눈물 괸 눈으로 순이를 돌아다본다. 순이는 현보와 눈이 마주 치자 울음이 복받쳐 올랐다. 그럴 줄 알았더면 김 주사 말을 들어 주었 던 편이 더 좋았을걸 하고 후회하였다. 그러나, 그보다 더 큰 후회는, 그저께 그 길로 돌아오면서 성황님께 빌기를 잊어버린 것이었다.

그 때 성황님께 한 번만이라도 빌었더면 오늘 같은 일은 일어나지 않 았을 것이 아니냐? 현보는 도수장으로 끌려가는 늙은 소 모양으로 고개 를 수그리고 앞서서 읍으로 걸어간다.

순이는 참다못해서,

"언제쯤 돌아올까요?"

하고 순경에게 간신히 물었다.

"한 십 년 있다 올 줄 알아!"

하고 순경은 혼자 씩 웃는다.

순이는 순경이 웃을 적에는 대단한 죄는 아니라고 짐작은 하면서도 십 년이라는 말에 눈앞이 아뜩하였다.

"너 이전 또 시집가야 갔구나!"

김 주사는 몹시 비꼬는 웃음을 보내며 지껄인다. 순이는 아무 대꾸도 않고 마음 속으로,

'이놈, 두고 보아라. 내래 성황님께 빌어서 네놈을 망덕을 허게 헐 적 을……'

하고 중얼거렸다.

순이는 현보가 보이지 않을 때까지 집 앞에 서 있었다. 마침내 현보 의 뒷모양이 안계에서 사라지자, 순이는 참았던 울음보가 탁 터져서 목 을 놓아 통곡하였다.

단둘이 살던 살림에 현보가 잡혀갔으니 누구를 믿고 살 것이랴. 순이는 맘껏 맘껏 울었다. 이런 때에는 아이라도 하나 있었으면 하고 생각하니 새삼스러이 현보 잡혀간 것이 슬펐다.

그러나 잡혀간 것은 하는 수 없는 일이고, 이제부터는 몇 해 만에 나오든지 나오는 날까지 혼자서 벌어먹어야 할 것을 생각하고, 순이는 한낮이 겹자 숯가마로 갔다. 순이는 전에 현보가 하던 모양대로 도끼를 들어 장작을 패고, 틈틈이 겨울 준비로 도라지, 고사리 같은 산나물도 캐 모았다. 순이는 여느 날보다 퍽 늦어서야 집에 돌아왔다. 집에 와 보니 김 주사가 능청맞게 아랫목에 자빠져서 기다리고 있었다.

"순이 인제 오는 게야? 오늘은 늦었구먼!"

하고 사내는 현보를 잡아갈 때와는 딴판으로 다정한 태도를 보인다. 순이는 속으로,

'이 자식이 또 왔어?'

하면서도 행여 현보의 소식을 알 수 있을까 싶어서,

"벌써 읍내까지 갔던 거요?"

하고 공손히 물었다.

"아니, 난 읍엔 안 갔어."

"그럼, 우리 쥔은 어떻게 됐소?"

"경찰서까지 가게 되었디."

"언제쯤 나오게 될까요?"

"그야 내 말에 달렸디!"

하고 김 주사는 순이를 빤히 쳐다본다.

순이는 속살로 '네까짓거!' 하고 아니꼽게 생각하면서도 잠자코 있었다. 김 주사는 몇 날 전에 산에서 한 짓을 사죄하라는 것과, 그리고 이제라도 제 말을 들으라는 것쯤은 순이로서도 눈치 챌 수 있었지마는, 행차 뒤에 나팔 격으로, 이제는 일이 글러지고 말았으므로, 순이는 자

꾸 엇나가고 싶었다.

"정말 순이가 안타깝다면 현보를 내일루래도 내보내 줄까?"

김 주사는 순이가 저만 보면 슬슬 길 줄 알았는데 뜻밖에도 쓴 도라지 보듯 하니까, 적지않이 실망하는 모양이었다. 그래 제 편에서 먼저 수작을 붙이는 것이었다.

"난 괜찮아요. 근심 말구, 거저 십 년이구 이십 년이구 맘대로 둬둬 주."

"허! 말룬 그래두, 속에서는 불 날 터이지?"

"불케넨 화두 안 나무다."

"순이! 그러디 말어. 웅! 내가 말 잘해서 니어보내 주게 허디."

"……."

그 말엔 순이도 대꾸를 않았다. 한참 침묵이 계속되었다. 바깥은 차차 캄캄해 왔다. 하늘에는 별이 총총 떠서 열어 놓은 문으로 북두칠성이 마주보였다. 바로 집 뒤에서는 접동새가,

"접동 접동 해오래비 접동!"

하고 처량히 울었다.

순이는 김 주사가 현보를 고자질한 것을 생각하면 이에 신물이 돌아서 공알 주먹으로 목덜미를 한 개 쥐어박고 싶었지만, 열 도깨비 복은 못 주어도 화는 준다고, 그러다가 또 어떤 작폐를 부릴는지 몰라 어름어름해 두었다. 그랬더니 사내는 좀처럼 돌아갈 생각은 아니 하고 진기를 쓰고 있어 순이는 점점 울화가 치밀었다. 그까짓 김 주사 같은 사내 하나쯤 덤벼든대야 조금도 겁날 것은 없지만, 저편에서 덤벼드는 판이면 순이도 가만 있을 수 없으니 그것이 성가시었다.

"현보가 나오구 못 나오구는 내 말 한 마디면 그만인데. 순이 와 그리 고집을 부리누?"

김 주사는 다시 수작을 부렸으나 순이는 건으로 잠자코 있었다.

"순이! 현볼 내일 놔 주도록 해 줄까?"

하며 김 주사는 순이의 치마폭을 잡아당긴다.

"인 놔요!"

순이는 치마를 낚아채었다.

"흥! 내 말 안 들으야 순이에게 손해될 것밖에 있나?"

사내는 겸연쩍어 싱글 웃고 나서, 담배를 피워 문다. 순이는 움도 쿰도 없이 방바닥만 보고 있다. 여름밤은 덧없이 깊어 갔다. 순이는 사내가 어서 가 주었으면 싶었다. 현보가 없기 때문에 이런 작자가 염치없게도 밤중에 와서 찌그럭대는구나 생각하니, 새삼스러이 현보가 그리워지며 울화가 치밀었다.

"인전 잘래요! 어서 가라우요?"

순이는 사내에게 톡 쏘아붙였다.

"이 오밤중에 가긴 어딜 가란 말야?"

"못 가믄 어쩔 테요?"

"여기서 순이허구 자구 가야갔는걸!"

"흥, 비위탁이 삼백은 살겠다. 어서 가요!"

"이 캄캄한 밤에 어딜 가란 말야, 응? 순이!"

"궐네네 집으로 가라요!"

"그럼, 순이 데려다 주겠나?"

"흥! 별꼴 다 보갔다."

순이는 사내에게 눈을 흘겨 보이고는 밖으로 달아나왔다.

순이는 어둠 속에서 돌을 주워 가지고 또 성황당 앞으로 가, 성황님께 현보가 속히 나오게 해 달라고 빌었다. 그는 몇 번이고 허리를 굽신거리며 절을 하였다.

그러는 동안에 어둠 속에서 발소리가 나더니, 문득 '에헴!' 하는 기침 소리가 들려왔다.

칠성이가 현보 잡혀갔다는 소문을 듣고 산 너머에서 찾아온 것이었다. 순이는 김 주사의 야료를 받고 있는 지금에 칠성이가 찾아온 것을 퍽 다행으로 여겨, 이내 방으로 데리고 들어왔다.

김 주사는 순이가 이제나 들어올까 저제나 들어올까 하고 눈이 감기도록 기다리던 판에 웬 낯선 사내를 데리고 들어오니까, 일변 실망하고 일변 겁을 집어먹으며 눈만 껌벅이고 있었다.

"혹깨(퍽) 어둡디요?"

하고 순이는 김 주사 보란 듯이 칠성이에게 상냥히 말을 걸었다. 그러나 칠성이는 칠성이대로 알지 못하는 사내가 방에 혼자 앉아 있는데 놀래어, 얼른 대답을 못하고 멍하니 앉아 있다. 허나 다음 순간 칠성이는 직각적으로 눈치를 채자 갈구랑 눈으로 김 주사를 흘겨보았다.

칠성이가 들어오자, 김 주사는 침 먹은 지네가 되는 것을 보고, 순이는 웃음을 참지 못하였다.

　산 속의 밤은 접동새의 울음 속에 깊어 갔다. 무한한 적막이 깃들어 있는 깊은 산이건만, 그러나 순이를 에워싸고 희미한 등잔 밑에 마주 앉아 있는 두 사내 사이에 오고가는 시선은 각일각으로 일촉즉발의 위기를 띠어 갔다. 아연같이 무거운 공기 속에서 칠성이와 김 주사는 제각기 눈앞에 폭풍을 깨달으면서 호흡까지 죽이고 있었다.

　"웬 사람이오?"

　드디어 김 주사는 질식할 긴장을 이겨낼 수가 없어 혼자말 비슷이 중얼거리며, 순이와 칠성이를 번갈아 보았다.

　"산 너머 있는 칠성이네야요."

하고 순이는 칠성이를 쳐다보면서 대답을 가로맡았다. 김 주사는 칠성이가 쭈그리고 겁먹은 듯이 앉아 있는 것을 보자 한층 깔보았는지,

　"무슨 일이 있어 왔나? 이 밤중에……."

하고 제법 위엄있게 반말로 대든다.

"일은 무슨 일이갔소? 거저 마을돌이 왔디요!"

이번에도 순이가 가로맡아 대답해 주었다.

"일두 없이 밤중에 남으 여편네 혼자 있는 데를 와?"

하고 김 주사 어조는 더한층 높았다.

"대관절 당신은 어떤 사람인데?"

마침내 잠자코 있던 칠성이가 약간 떨리는 목소리로 침착히 반문하였다. 싸움을 사려는 말투였다. 칠성의 주먹은 어느덧 굳게 쥐어져 있었다. 칠성이가 별안간 큰소리를 치고 나서는 바람에, 김 주사는 잠시 찔끔해 있다가,

"나? 난 산림 간수야! 현보가 산림 법칙을 위반해서 조사할 것이 있어 왔지."

"산림 간수는 남으 여편네 혼자 있는 밤중에 조사를 해야 맛인가?"

칠성이는 가슴을 약간 앞으로 솟구며 따지고 들었다.

"그야 조사할 필요만 있으면 언제든지 조사하는 규칙이지."

"세상에 그런 빌어먹을 규칙이 어디 있단 말이냐?"

이번에는 칠성이가 정면으로 김 주사를 노려본다. 순이는 꼼짝 않고 앉아 있다.

"예끼, 고약한 놈! 그런 말버르장머리가 어딨니? 아무리 불학무식*한 놈이기로니!"

"이 자식아! 뭐 어때? 유식한 놈은 똥이 관을 쓰구 나오니?"

칠성이는 상반신을 일으켜 김 주사 앞으로 다가갔다.

"이놈아!"

김 주사는 고함을 치며 칠성의 따귀를 번개같이 때려갈겼다. 그와 동시에,

＊불학무식(不學無識) 배운 게 없어 아는 것이 없음.

"이 간나새끼 어디 보자!"

하기가 무섭게 칠성이도 김 주사 멱살을 추켜 잡았다. 김 주사도 칠성이를 맞잡았다. 다음 순간 둘은 서로 엎치락뒤치락 뒤채었다. 그 바람에 등잔불이 홱 꺼졌다. 별안간에 방안은 수라장이 되었다.

"아이구머니나!"

순이는 외마디 소리를 부르짖으면서 밖으로 뛰어나왔다.

"아코!"

"에이, 쌍!"

"아코, 아고고······."

하는 비명이 방 안에서 연방 들려 나왔지마는, 순이는 그 목소리가 누구인지도 분간하지 못하였다. 순이는 어쩔 줄을 몰라 발만 동동 구르며,

"아이구테나! 아이구테나!"

하다가, 문득 성황당 생각이 나서 느티나무 밑으로 부리나케 달려오더니,

"성황님! 성황님! 데 쌈을 좀 말려 주십사! 데 쌈을 좀 말려주십사!"

하고 두 손을 싹싹 비빈다. 방 안에서는 아직도 '에이 쌍, 에이 쌍!' 하는 소리가 연방 들려 나왔다.

이틀이 지나도, 사흘이 지나도 현보는 돌아오지 않았다.

칠성이는 전번 날 밤 김 주사와 싸우고 가서는 나흘째 오지 않았다. 떠도는 말에 의하면 칠성이는 김 주사 머리에 상처를 입혔기 때문에 그날 밤으로 어디론지 도망을 치고 말았다 한다.

순이는 낮이면 산나물을 하였고, 밤이면 성황당에 치성을 드리면서 그날 그날을 보내었다. 현보가 잡혀간 뒤로는 숯은 한 가마를 구웠을 뿐이었다. 순이는 저녁에 집에 돌아올 때처럼 쓸쓸한 적이 없었다. 여느 때 같으면 현보와 함께 돌아와서 저녁도 마주 앉아 먹을 터인데, 이

제는 혼자 오도카니 앉아 먹자니 밥이 목구멍을 넘어가지 않았다.

순이는 나물을 하다가도 숲 속에서 장끼와 까투리가 서로 꾸둑거리며 희롱하는 것을 보고는, 문득 현보 생각이 머리에 떠올라 한참은 우두커니 서서 지나간 일을 회고해 보는 것이었다.

그러나 숲 속에서 꾀꼬리가 울고, 뻐꾸기가 울고, 미라부리가 울고 할 때에는 순이의 마음은 평화스러웠고 도끼를 드는 팔에도 힘이 넘쳤다.

산에만 오면 순이는 어머니 품 속에 안긴 것처럼 마음이 듬뿍하여 온갖 새들과 함께 노래 부르고 싶었다. 새들의 노래를 들을 때에는 순이의 마음에는 슬픔이라고는 손톱만큼도 없었다. 나무가 무성히 자라고 새들이 노래 부르는데, 순이의 가슴에 검은 구름이 있을 턱 없었다. 그런 때에는 순이는 현보도 성황님 덕택에 이내 나올 것을 굳게 믿는 것이었다. 그러나 해가 저물고 산골짜기가 어두움에 잠기면 순이의 마음도 어두워졌다.

제 둥지로 돌아가는 까마귀가 어쩌다가 순이네 집 위에서,

"까우! 까우!"

하고 울 때면, 순이의 마음은 납덩이같이 무거워졌다. 옛날부터 저녁 까마귀가 울면 집안이 불길하다는 것은 순이도 알기 때문이었다. 순이는 현보가 내일도 돌아오지 못하려는가, 정말 십 년씩이나 갇혀 있게 될 것인가 하고, 머리를 쥐어짜며 생각하다가, 마침내는 벌떡 일어나서 성황당으로 달려간다. 그런 때면 순이는 성황당 앞에 엎드려 한 시간이나 치성을 드리는 것이었다. 순이는 모제기(샛별)가 서편 하늘에 퍽 기울어진 때에야 잠자리에 누웠다. 허나 어쩐지 잠이 오지 않았다. 눈을 감고 있노라니 현보와 칠성이와 김 주사의 얼굴이 제각기 나타났다. 순이는 아까 산에서 장끼와 까투리가 장난치던 것을 생각하고 이내 언젠가 현보가 장에서 고무신 사 오던 날 저녁 일이 기억에 떠올랐다. 그래

서,

　'이번에 나오면, 현보허구 둘이서 성황님께 아들 낳게 해 달라구 빌
　어야지.'

하고 혼자 궁리하다가 씩 웃었다.

　괴괴한 밤이었다. 순이는 끙 하고 돌아눕다가 문득 귓결에,

　"응응응응응……."

하는 소리를 듣고 머리를 번쩍 들었다.

　'여우가 울어?'

　순이는 가슴이 또 철렁 내려앉았다. 여우가 울 때에, 그 입을 향한 곳
에는 반드시 흉사가 있다기에, 순이는 벌떡 일어나서 문 밖으로 뛰어나
와 어딜 향해 우는지 알아보려 하였다. 그러나 토방에 서서 귀를 기울
였지마는, 울음소리만 듣고는 어딜 향하고 우는지 알 수가 없었다. 그
저 꼭 순이네를 향하고 우는 것만 같았다.

　'현보가 영 못 나오려나?'

　순이의 가슴은 점점 미어져 왔다. 순이는 성황님께 무슨 죄를 지었던
가 스스로 생각해 보았다. 그리고, 역시 성황님께 정성이 부족한 탓에
까마귀가 울고 여우가 방정을 떠는 것이라고 믿었다.

　까마귀나 여우나 모두가 성황님의 마음대로 되는 것이라고 순이는
믿었던 것이다. 그래 순이는 다시 성황님으로 모신 느티나무 아래로 와
서 무릎을 꿇고 앉아 손을 비비었다. 순이는 참된 마음으로 성황님께
사죄를 하였다. 한 시간이 지나고, 두 시간, 세 시간이 지났건만 순이의
마음에는 오히려 부족하여, 그는 하룻밤을 치성으로 꼬박이 밝혔다. 그
랬더니, 이튿날 아침 순이의 마음은 도로 명랑하여졌다.

　아침 볕에 무르녹는 녹음을 보면, 순이의 마음은 옥구슬같이 맑아진
다. 순이가 막 집을 나서서 숯가마로 가려는데 난데없던 까치 두 마리
가 순이네 지붕 위에 날아와 앉더니,

"까까까까까······."

하고 열성스럽게 짖었다.

"옳다, 됐다!"

순이의 눈은 기쁨에 이글이글 빛났다. 아침 까치가 짖으면 손님이 온다는데 아마 오늘은 현보가 돌아오려나 보다 싶었다.

현보가 오면 무엇부터 이야기할까? 김 주사 이야기, 까마귀 이야기, 여우 이야기, 장끼와 까투리가 놀던 이야기······. 모두 신기스러운 이야기 재료 같았다. 아니 그보다도 성황님이 얼마나 신령하시다는 것을 말해서 둘이서 아이를 점지해 주도록 축수를 하리라 하였다.

순이는 기쁨에 일이 손에 붙지 않았다.

개금아리가 갈갈갈갈 하기만 하여도 고개를 들고 멍하니 섰곤 한다. 그러다가는 현보가 오지 않나 하고 언덕길을 내려다보곤 한다.

한낮이 겹자 더위는 찌는 듯하였다. 순이는 웃통을 벗은 채 나물을 하다 말고, 그늘 진 풀밭에 펄썩 주저앉았다. 바로 머리 위에서 산비둘기가 '구우구우' 하고 울었다. 순이는 고개를 들어 비둘기를 찾았다.

소나무 가지에서는 두 마리의 비둘기가 서로 주둥이를 맞대보기도 하고, 머리를 비비기도 한다. 순이는 멀거니 그것을 쳐다보고 있노라니, 가슴은 공연히 쓸쓸하였다. 오늘도 현보가 돌아오지 않으려는가 싶어 한숨 쉬면서 먼 하늘을 우러러보았다. 바로 그 때,

"순이!"

하고 어디선가 부르는 소리가 들렸다. 순이는 꿈인가 놀라며 성큼 일어서니, 맞은편 숲 속에 칠성이가 서 있었다.

"아! 칠성이네! 어디 도망 갔다더니?"

순이는 반가웠다. 그러지 않아도 저 때문에 칠성이가 죄를 짓고 도망을 갔대서 미안히 여기던 판이었는데, 뜻밖에 만나니 참말 반가웠다.

"나 말이야, 순이! 그동안 한 삼백 리 되는 곳에 도망을 갔드랬어! 그

자식 대가리를 깨뜨려 주었거든! 그래서 도망을 가기는 갔지만, 암만 해두 순이 생각이야 잊을 수가 있어야지. 그래 순이를 데리러 왔어!"

하고, 사내는 순이에게로 가까이 다가왔다. 순이는 저고리를 입으면서,

"아이구 망칙해라! 내래 와 칠성이넬 따라 갈꼬!"

말은 그러나, 저를 생각해 주는 마음씨가 노상 싫지는 않았다.

"안 가믄 어쩌누? 현보는 언제 나올지두 모르는걸."

"와 몰라! 오늘은 나올 텐데!"

"오늘? 흥! 적어도 삼 년은 있어야 해."

"삼 년?"

이번에는 순이가 놀란다.

"그러티! 삼 년은! 그러나 그 동안 순이 혼자 어떻게 사누? 그러기 현보 나올 동안 나허구 같이 가 있자구."

"……."

"그뿐인가. 인젠 현보가 나온대두 다른 벌이를 해야지, 숯구이는 못 하거던!"

"와 어드래서요?"

"숯두 말야, 이제부터는 검사를 하거든. 법에 가서 검사를 하지 않고는 못 팔아 먹는대. 그 검사가 오줄기 어렵다구!"

"누구래 그릅더까?"

"누군! 다 그러지! 발세 신문에두 났다는걸."

순이는 점점 안타까워서,

"그까짓 법이 뭐기! 성황님께 빌면 그만이지."

하고 혼자 짜증을 썼다.

"성황님? 흥, 어디 잘 빌어봐. 되나 안되나!"

순이는 어찌할 도리를 몰랐다.

"순이! 내래 발세 순이 입성 다 해 개지구 왔어. 이것 좀 봐!"

하고 칠성이는 손에 들었던 보퉁이를 풀기 시작한다. 순이는 잠자코 보퉁이만 쳐다본다. 보퉁이 속에서 분홍 항라적삼과 수박색 목 메린스 치마가 나오는 것을 보고, 순이는 눈이 휘둥그레진다.

"이거 다 순이 입을 거야!"

하고 칠성이가 순이 앞에 옷을 내미는 순간, 순이는 기쁨을 참을 수 없어 빙그레 웃으면서 집에 있는 흰 고무신을 생각해 보았다. 그것을 다 갖추어입고 나서면 그까짓 장끼 지치*쯤 어림도 없어 보였다.

"어서 입어 보라구!"

그 말에 순이는 치마저고리를 입었다. 순이는 기쁨에 날뛰었다. 산 속이 갑자기 환해지는 것 같았다.

"순인 참 절색이야!"

하고 감탄하며 칠성이는 순이의 손을 끌어당겼다. 순이는 가만히 생글생글 웃기만 하였다.

"구우구우구우!"

산비둘기가 또 울었다. 지금 순이에게는 칠성이가 현보와 꼭같이 정답게 보였다.

"구우구우!"

산비둘기가 울 때마다 순이의 가슴은 화로 위의 눈덩이처럼 슬슬 녹아 내렸다. 그 날 저물녘에 순이는 칠성이를 따라 먼 길을 떠났다. 머리에는 붉은 댕기를 디리고 게다가 연분홍 항라적삼과 수박색 치마를 떨쳐입고 흰 고무신까지 받쳐 신고 나서니, 순이는 세상에 부러운 것이 없었다. 발을 옮겨 놓을 때마다 걸음걸이에 치마폭 너풀거리는 것이 제가 보기에도 무지개보다도 고왔다.

"빨리 가자구! 어둡기 전에 백 리는 내대어야겠는데."

---

*지치 신분.

칠성이는 걸음을 재촉하였다. 순이와 칠성이는 다 저녁때에야 삼백 리 길을 떠나게 되었던 것이다. 밤길이 불편은 하지만, 낮에는 아차 잘못하여 김 주사 눈에 띄면 큰일이기 때문에 일부러 밤을 택하였다.

순이는 가벼운 걸음으로 삼십 리는 언뜻 걸었다. 그러나, 천마령 고개를 다 넘고 들길로 접어들자, 순이의 마음은 점점 불안스러워갔다.

"엉야! 좀 쉬어가자구요."

순이는 애원하듯 말하였다.

"다리가 아픈가 머?"

"아니! 그래두……."

"쉬어가디! 순인 그래두 풀밭엔 앉진 말어! 입성에 풀물 오르믄 안돼!"

"그럼 어떡허노?"

"그대루 서서 쉬어야디."

한참 순이는 말이 없었다.

'칠성이를 따라가는 것이 옳을까?'

순이는 풀밭에 주저앉고 싶었다. 그러나 풀밭에 주저앉으면 안된다구? 순이는 불안스러웠다. 장차 알지도 못하는 지방으로 가는 것이 더더구나 불안스러웠다.

"이제 가는 데두 산이 많은가요?"

하고 순이는 물었다.

"산이 머야! 들판이디! 그까짓 산 델까!"

"그럼 노루나 꿩 같은 건 없갔구만요?"

"없구 말구!"

"부엉새랑 뻐꾸기 같은 것두?"

"그따우두 다 없어! 그래두 사람은 많디! 살기 좋은 곳인 줄만 알갔디!"

"고사리, 도라지 같은 산나물은 있나?"

"산이 없는데 그런 게 어떻게 있누! 글쎄 근심 말어! 썩 좋은 데 데리구 갈 터이니."

그러나 순이는 기분이 내키지 않았다. 가는 곳이 아무리 좋다 해도 산이 없고 나무가 없다면, 그 허허벌판에서 무엇에 마음을 의탁하고 살아간단 말인가? 더구나 공연히 사람만 많이 모여서 복작복작 들끓는다는 그런 곳에 가서…….

사람만 많은 곳에 가서, 지금처럼 고운 저고리에 고운 치마를 입고, 마음대로 주저앉지도 못하고 새색시처럼 곱시란히 앉아 있어야만 한다면 무슨 재미로 살아간다는 말인가? 순이는 문득 천마령 안꼴짜기 자기 집이 그리웠다. 오막살이일망정 아방궁 부럽지 않게 정다운 그 집이었다. 지금쯤은 앞산 뒷산에서 부엉새, 접동새가 울고 있으리라 생각하니 삼십 리밖에 떨어지지 않은 여기부터가 싫었다. 순이는 고운 옷 입은 기쁨도 사라졌다. 그는 불현듯 현보가 그리웠다. 성황님께 어젯밤 그만치나 치성을 올렸고, 또 오늘 아침에 까치도 짖었으니 지금쯤은 현보가 집에 돌아왔을지도 모른다 싶었다.

'현보가 왔다면 나를 얼마나 기다릴까?'

현보와 둘이서 나무하고 숯 굽던 장면이 문득 떠올랐다.

아무리 생각해도 순이는 천마령과 현보를 떠나서는 살 재미도 없거니와 살지도 못할 것 같았다. 더구나 죄를 지으면 성황님이 벌을 준다는데, 삼백 리가 멀다고 벌 못 주랴 싶어, 순이는 고대 집으로 돌아가지 않고서는 안될 것 같았다.

"자아, 또 떠나보자구!"

하고 칠성이가 성큼 일어섰다.

"나 나, 뒤 좀 보구 갈거니 슬근슬근 먼저 가라요."

순이는 간신히 입을 열었다.

"뭐? 그럼, 더기서 기다릴거니, 이내 오라구!"

"응."

순이는 선대답을 하고 숲속으로 들어갔다.

숲 속으로 들어가자, 순이는 얼른 치마와 저고리를 벗어 나뭇가지에 걸었다. 그까짓 입고 주저앉지도 못하는 옷이라고 생각하니, 조금도 애착이 없었다. 고무신은 벗어 들었다. 순이는 옷을 나무에 걸어 놓고 고무신을 든 채 아까 오던 길을 되돌아서서 힝하니 달음질을 치기 시작하였다. 캄캄한 산길이건만, 순이는 익숙하게 달렸다. 얼마를 달려오니까 그제야,

"접동접동 접접동……."

하고 접동새 우는 소리가 들렸다. 순이의 마음은 가벼워졌다. 이제야 제가 살 곳을 옳게 찾아온 것 같았다. 고개에 올라서서 굽어보니, 마주 건너다 보이는 순이네 집에서 빨간 불이 비치었다.

"아, 현보가 왔구나!"

순이는 기쁨에 설레이는 가슴을 안고 쏜살같이 고개를 달음질쳐 내려왔다. 다시 언덕을 추어서 집을 향해 올라올 때 순이는,

"성황님! 성황님!"

하고 부르짖었다.

모든것이 성황님의 덕택 같았다.

집 앞에까지 다다랐을 때에 문득,

"에헴!"

하는 귀에 익은 현보의 기침 소리가 들린다.

"아! 성황님! 성황님!"

순이는 다시 한 번 그렇게 부르짖으며, 느티나무 밑으로 달려갔다.

접동새가 울었다. 부엉새도 울었다. 늘 듣던 울음소리였다. 그러나 오늘 밤따라 새 소리는 순이의 가슴을 파고드는 듯이 정다웠다.

부록

작가와 작품 스터디

● 전영택 (1894~1968)

전영택은 평양에서 태어났다. 평양 대성 학교를 중퇴하고, 일본 아오야마 학원 문학부 및 신학부를 졸업한 후 미국으로 건너가 버클리의 퍼시픽 신학교를 수료해 한국으로 돌아와 목사가 되었다.

1919년 김동인, 주요한과 함께 〈창조〉 창간에 참여했고, 창간호에 〈혜선의 사〉를 발표하며 등단했다.

대표작에는 〈화수분〉, 〈천치? 천재?〉, 〈흰 닭〉, 〈소〉 등이 있다.

● 유진오 (1906~1987)

유진오는 서울에서 태어났으며, 호는 현민이다. 경성 제일 고보와 경성 제대 법학과를 졸업했다. 고려대 총장, 신민당 총재, 국회 의원 등을 역임했다.

1927년 〈조선 지광〉에 소설 〈스리〉를 발표하면서 등단했다. 카프에 가입은 하지 않은 채 그와 비슷한 경향의 작품을 발표한 '동반자 작가'에 속한다.

대표작으로 〈김 강사와 T교수〉, 〈창랑정기〉, 〈화상보〉 등이 있다.

● 정비석 (1911~1991)

정비석은 평안 북도 의주에서 태어났으며 본명은 서죽이다. 일본 니혼 대학 문과를 중퇴했다. 1936년 〈동아 일보〉 신춘 문예에 〈졸곡제〉가 입선, 다음 해 〈조선 일보〉 신춘 문예에 〈성황당〉이 당선되었다.

〈잡어〉, 〈고고〉, 〈자유 부인〉 등의 작품이 있다.

● **화수분** '나'는 세들어 사는 행랑아범의 울음소리를 듣고 다음 날 알아보니 행랑어멈이 먹고 살기가 힘들어 큰애를 남의 집에 줘 버렸다는 것이다. 며칠 후 화수분은 형이 다쳤다는 소식을 듣고 시골로 내려가지만 보름이 지나도 돌아오지 않는다. 그의 아내는 세 살 먹은 어린아이를 데리고 추운 겨울날 남편을 찾아 나선다. 화수분은 남의 집에 간 큰애 이름을 부르며 앓다가 딸을 찾으러 가던 길에 부인과 아기를 보게 된다. 살을 에는 추위에 세 사람은 껴안은 채 밤을 지내고, 다음 날 아이만 살아 남고 두 사람은 얼어 죽은 채 발견된다.

● **소** 홍창수는 춘천 시골 마을로 들어와 정착한다. 알뜰하게 생활한 덕분에 재산도 많이 불어났다. 홍창수는 마을 사람들에게도 소를 사 주며 모두가 넉넉한 생활을 꿈꾼다. 그러던 중 장손이 기르던 소가 이북 마을로 넘어가자 그 마을 주민들이 그 소를 잡아먹어 버린다. 이에 이북에서 넘어온 소를 보고 똑같이 보복하려 한다. 홍창수는 이를 말리나 아내는 자신의 소를 가지고 도망한 후다. 이에 홍창수도 모습을 감춘다.

● **김 강사와 T교수** 문학사인 김만필은 독문과를 졸업하고 H과장의 소개로 S전문 학교의 시간 강사로 취직한다. T교수는 그에게 이런저런 주의할 점을 알려 주며 김만필에게 친절히 군다. T교수는 김만필이 좌익 작가들을 다룬 글을 이야기하고, 학생들에게도 그에 관한 말을 전한다. 김만필은 두려움을 느끼고, 학교내 대립하는 두 세력에 대해 소극적으로 대처한다. 김만필은 H과장과 T교수 사이에서 난처한 입장에 처한다.

● **성황당** 현보와 순이는 결혼을 하여 행복하게 살고 있다. 순이는 개울에서 목욕을 하던 어느 날, 산림 간수 김 주사에게 희롱을 당한다. 김 주사는 현보를 고발하고, 칠성이와 김 주사는 순이를 놓고 다툰다. 순이는 '성황당' 앞에서 간절히 기도한다.

논술 가이드

〈화수분〉의 한 대목입니다. 제시문을 읽고 다음 문제에 답하시오.
[문항 1]

> "그래, 제가 어쩌나 볼려고, '그럼 너 저 마님 따라가 살련? 나는 집에 갈
> 터이니.' 했더니 저는 본체만체하고 머리를 끄덕끄덕해요. 그래도 미심해
> 서 '정말 갈 테야? 가서 울지 않을 테야?' 하니깐 저를 한 번 힐끗 노려보
> 더니, '그래, 걱정 말고 가요.' 하겠지요. (중략) 여북하면 제 자식을 꿈에
> 도 보두 못하던 사람에게 주겠어요. 할 수가 없어서 그렇지요. 집에 두구
> 굶기는 것보다 나을까 해서 그랬지요. 아범이 본래는 저렇게는 못살지는
> 않았답니다. (후략)"

(1) 윗글에서 행랑어멈은 어쩔 수 없이 딸을 주었다고 말합니다. 가족과 떨어
져 지내야 하는 행랑채의 상황을 놓고, 어멈의 입장과 딸 귀동의 입장에서 각
각의 선택에 대한 자신의 의견을 말해 봅시다.

----

(2) 우리 나라는 매년 해외로 많은 수의 아이들을 입양 보내고 있습니다. 아
이를 키울 수 없는 형편이라는 이유로 아이를 버리고 있습니다. 〈화수분〉의 내
용을 참고하며, 해외 입양에 대한 자신의 생각을 말해 봅시다.

〈소〉의 두 대목입니다. 제시문을 읽고 다음 문제에 답하시오.

[문항 2]

> '가난! 가난!'
>
> 가난의 설움을 생각하고, 가난한 동네 사람들의 정성을 생각하고, 어떻게 하면 동네에서 '가난'을 내쫓아 버릴까 하는 궁리를 가끔 하는 것이었다. 마누라도 처음에는 그렇지 않았건만 셈이 좀 피니까 인심이 사나워졌다고 생각하였다.

> 이 때에 밑에서 수선수선하는 소리에 따라서 동네 젊은이들이 올라온다. 웬 서투른 황소 한 마리를 끌고 소나무 새로 올라온다. 그 가운데 장손이도 섞여 있다. 마침 이북에서 넘어온 소를 잡아먹겠다고 끌고 온 것이었다.
>
> "저희도 우리 소를 잡아먹었는데요."
>
> 장손이가 씨근거리면서 말한다. 젊은이들은 모두 흥분해서 기어이 잡아먹는다고 야단이다.
>
> "안 됩니다, 안 됩니다. 동포끼리 그래선 안 됩니다. 돌려 보내시오. 정 소를 잡아먹고 싶거든 우리 소를 잡아먹어."

(1) 첫번째 글에서 홍 주사는 자신의 안락보다는 동네 사람들의 가난을 먼저 생각합니다. 홍 주사와 그의 아내의 입장을 각각 대변해 봅시다.

----

(2) 두 번째 글에서 마을 사람들은 이북에서 넘어온 소를 잡아먹자고 하지만 홍 주사는 이를 반대합니다. 여러분이 마을 사람의 입장이라면 어떤 선택을 할까요? 홍 주사의 마음을 이해하며 자신의 의견을 말해 봅시다.

〈김 강사와 T교수〉의 한 대목입니다. 제시문을 읽고 다음 문제에 답하시오.
[문항 3]

> "문화 비판회라니요?"
> "선생님이 그 회원으로 굉장하게 활동하신 것은 학생들이 모두들 압니다."
> 스즈키는 빙글빙글 웃으며 대답하였다.
> "아뇨. 그건 무슨 잘못이겠죠. 나는 그런 회는 잘 모르는데."
> 김만필은 모처럼 얻은 그의 지위와 자기의 양심과를 저울에 달아 가면서 고개를 좌우로 흔들었다.

> "무엇! 그래도 자네는 나를 속이려나?"
> H과장은 소리를 버럭 지르며 찻종을 덜그럭 하고 놓고 의자를 뒤로 떼밀며 몸을 벌떡 젖혔다. 그 때 이웃 방으로 통하는 문이 열리며 언제나 일반으로 봄 물결 늠실늠실하듯, 온 얼굴에 벙글벙글 미소를 띤 T교수가 응접실로 들어왔다.

(1) 첫번째 글에서 김만필은 자신을 찾아온 학생에게 과거의 사실을 부정합니다. 그 까닭은 무엇일까요? 만약 여러분이 김만필의 입장이었다면 찾아온 학생에게 무엇이라고 대답할까요? 자신의 생각을 말해 봅시다.

----

(2) 두 번째 글에서 김만필은 과장의 집을 찾아가서 또 한 번 과거의 사실을 부정합니다. 이 때 T교수가 미소를 띠며 응접실로 들어온 이유는 무엇일까요? T교수의 속마음을 말해 봅시다.

〈성황당〉의 한 대목입니다. 제시문을 읽고 다음 문제에 답하시오.
[문항 4]

> 그런 때면 순이는 성황당 앞에 엎드려 한 시간이나 치성을 드리는 것이었다. 순이는 모제기(샛별)가 서편 하늘에 퍽 기울어진 때에야 잠자리에 누웠다. 허나 어쩐지 잠이 오지 않았다. 눈을 감고 있노라니 현보와 칠성이와 김주사의 얼굴이 제각기 나타났다. 순이는 아까 산에서 장끼와 까투리가 장난치던 것을 생각하고 이내 언젠가 현보가 장에서 고무신 사 오던 날 저녁 일이 기억에 떠올랐다. 그래서,
> '이번에 나오면, 현보하구 둘이서 성황님께 아들 낳게 해 달라구 빌어야지.'

　(1) 순이는 매일 거르지 않고 성황당 앞에서 기원을 하고, 어려운 일이 생길 때마다 오랫동안 그 앞에서 치성을 드립니다. 문제 해결에 앞서 기도를 올리는 순이의 이런 행동이 옳은 것인가요? 여러분의 생각을 말해 봅시다.

----

　(2) 여러분들은 각자 종교를 가지고 있나요? 종교에 대한 자신의 생각을 말해 봅시다. 그리고, 아직도 우리 나라에 많이 퍼져 있는 민간 신앙에 대한 생각도 함께 말해 봅시다.

⟨베스트 논술 한국대표문학⟩ (전60권) 목록

권별	작품	작가
1	무정 I	이광수
2	무정 II	이광수
3	무명 · 꿈 · 옥수수 · 할멈	이광수
4	감자 · 시골 황 서방 · 광화사 · 붉은 산 · 김연실전 외	김동인
5	발가락이 닮았다 · 왕부의 낙조 · 전제자 · 명문 외	김동인
6	배따라기 · 약한 자의 슬픔 · 광염 소나타 외	김동인
7	B사감과 러브레터 · 서투른 도적 · 술 권하는 사회 · 빈처 외	현진건
8	운수 좋은 날 · 까막잡기 · 연애의 청산 · 정조와 약가 외	현진건
9	벙어리 삼룡이 · 뽕 · 젊은이의 시절 · 행랑 자식 외	나도향
10	물레방아 · 꿈 · 계집 하인 · 별을 안거든 우지나 말 걸 외	나도향
11	상록수 I	심훈
12	상록수 II	심훈
13	탈출 · 황공의 최후 / 적빈 · 꺼래이 · 혼명에서 외	심훈 / 백신애
14	태평 천하	채만식
15	레디메이드 인생 · 순공 있는 일요일 · 쑥국새 외	채만식
16	명일 · 미스터 방 · 민족의 죄인 · 병이 낫거든 외	채만식
17	동백꽃 · 산골 나그네 · 노다지 · 총각과 맹꽁이 외	김유정
18	금 따는 콩밭 · 봄봄 · 따라지 · 소낙비 · 만무방 외	김유정
19	백치 아다다 · 마부 · 병풍에 그린 닭이 · 신기루 외	계용묵
20	표본실의 청개구리 · 두 파산 · 이사 외 / 모범 경작생	염상섭 / 박영준
21	탈출기 · 홍염 · 고국 · 그믐밤 · 폭군 · 박돌의 죽음 외	최서해
22	메밀꽃 필 무렵 · 낙엽기 · 돈 · 석류 · 들 · 수탉 외	이효석
23	분녀 · 개살구 · 산 · 오리온과 능금 · 가을과 산양 외	이효석
24	무녀도 · 역마 · 까치 소리 · 화랑의 후예 · 등신불 외	김동리
25	하수도 공사 / 지맥 / 그 날의 햇빛은 · 갈가마귀 그 소리	박화성 / 최정희 / 손소희
26	지하촌 · 소금 · 원고료 이백 원 외 / 경희	강경애 / 나혜석
27	제3인간형 / 제일과 제일장 외 / 사랑 손님과 어머니 외	안수길 / 이무영 / 주요섭
28	날개 · 오감도 · 지주 회시 · 환시기 · 실화 · 권태 외	이상
29	봉별기 · 종생기 · 조춘점묘 · 지도의 암실 · 추등잡필	이상
30	화수분 외 / 김 강사와 T교수 · 창랑 정기 / 성황당	전영택 / 유진오 / 정비석

권별	작품	작가
31	민촌 / 해방 전후 · 달밤 외 / 과도기 · 강아지	이기영 / 이태준 / 한설야
32	소설가 구보씨의 일일 / 장삼이사 · 비오는 길 / 석공 조합 대표 / 낙동강 · 농촌 사람들 · 저기압	박태원 / 최명익 송영 / 조명희
33	모래톱 이야기 · 사하촌 외 / 갯마을 / 혈맥 / 전황당인보기	김정한 / 오영수 / 김영수 / 정한숙
34	바비도 외 / 요한 시집 / 젊은 느티나무 외 / 실비명 외	김성한 / 장용학 / 강신재 / 김이석
35	잉여 인간 / 불꽃 / 꺼삐딴 리 · 사수 / 연기된 재판	손창섭 / 선우휘 / 전광용 / 유주현
36	탈향 외 / 수난 이대 외 / 유예 / 오발탄 외 / 4월의 끝	이호철/ 하근찬/ 오상원/ 이범선/ 한수산
37	총독의 소리 / 유형의 땅 / 세례 요한의 돌	최인훈 / 조정래 / 정을병
38	어둠의 혼 / 개미귀신 / 무진 기행 · 서울 1964년 겨울 외	김원일 / 이외수 / 김승옥
39	뫼비우스의 띠 / 악령 / 식구 관촌 수필 / 기억 속의 들꽃 / 젊은 날의 초상	조세희 / 김주영 / 박범신 이문구 / 윤흥길 / 이문열
40	김소월 시집	김소월
41	윤동주 시집	윤동주
42	한용운 시집	한용운
43	한국 고전 시가와 수필	유리왕 외
44	한국 대표 수필선	김진섭 외
45	한국 대표 시조선	이규보 외
46	한국 대표 시선	최남선 외
47	혈의 누 · 모란봉	이인직
48	귀의 성	이인직
49	금수 회의록 · 공진회 / 추월색	안국선 / 최찬식
50	자유종 · 구마검 / 애국부인전 / 꿈하늘	이해조 / 장지연 / 신채호
51	삼국유사	일연
52	금오신화 / 홍길동전 / 임진록	김시습 / 허균 / 작자 미상
53	인현왕후전 / 계축일기	작자 미상
54	난중일기	이순신
55	흥부전 / 장화홍련전 / 토끼전 / 배비장전	작자 미상
56	춘향전 / 심청전 / 박씨전	작자 미상
57	구운몽 · 사씨 남정기	김만중
58	한중록	혜경궁 홍씨
59	열하일기	박지원
60	목민심서	정약용

〈베스트 논술 한국대표문학〉에 실린 소설과 교과서 대조표

*〈베스트 논술 한국대표문학〉에 실린 소설과 현행 국어 · 문학 18종 교과서의 수록 내용을 비교 · 분석하였다.

● 초등 학교 교과서(국어)

> 금오신화, 구운몽, 심청전,
> 흥부전, 토끼전, 박씨전,
> 장화홍련전, 홍길동전

● 국정 교과서

작품	작가	교과목
고향	현진건	고등 학교 문법
동백꽃	김유정	중학교 국어 2-1, 중학교 국어 3-1
벙어리 삼룡이	나도향	중학교 국어 1-1
봄봄	김유정	고등 학교 국어(상)
사랑 손님과 어머니	주요섭	중학교 국어 2-1
오발탄	이범선	중학교 국어 3-1
운수 좋은 날	현진건	중학교 국어 3-1

● 고등 학교 문학 교과서

작품	작품	출판사
감자	김동인	교학, 지학, 디딤돌, 상문
갯마을	오영수	문원, 형설
고향	현진건	두산, 지학, 청문, 중앙, 교학, 문원, 민중, 블랙, 디딤돌
관촌 수필	이문구	지학, 문원, 블랙
광염 소나타	김동인	천재, 태성

금 따는 콩밭	김유정	중앙
금수회의록	안국선	지학, 문원, 블랙, 교학, 대한, 태성, 청문, 디딤돌
김 강사와 T교수	유진오	중앙
까마귀	이태준	민중
꺼삐딴 리	전광용	지학, 중앙, 두산, 블랙, 디딤돌, 천재, 케이스
날개	이상	문원, 교학, 중앙, 민중, 천재, 형설, 청문, 태성, 케이스
논 이야기	채만식	두산, 상문, 중앙, 교학
닳아지는 살들	이호철	천재, 청문
동백꽃	김유정	금성, 두산, 블랙, 교학, 상문, 중앙, 지학, 태성, 형설, 디딤돌, 케이스
두 파산	염상섭	문원, 상문, 천재, 교학
등신불	김동리	중앙, 두산
만무방	김유정	민중, 천재, 두산
메밀꽃 필 무렵	이효석	금성, 상문, 중앙, 교학, 문원, 민중, 블랙, 디딤돌, 지학, 청문, 천재, 케이스
모래톱 이야기	김정한	디딤돌, 교학, 문원
모범경작생	박영준	중앙
뫼비우스의 띠	조세희	두산, 블랙
무녀도	김동리	천재, 지학, 청문, 금성, 문원, 민중, 케이스

작품	작가	출판사
무정	이광수	디딤돌, 금성, 두산, 교학, 한교
무진기행	김승옥	두산, 천재, 태성, 교학, 문원, 민중, 케이스
바비도	김성한	민중, 상문
배따라기	김동인	상문, 형설, 중앙
벙어리 삼룡이	나도향	민중
복덕방	이태준	블랙, 교학
봄봄	김유정	디딤돌, 문원
붉은 산	김동인	중앙
B사감과 러브레터	현진건	교학
사랑 손님과 어머니	주요섭	중앙, 디딤돌, 민중, 상문
사수	전광용	두산
사하촌	김정한	중앙, 문원, 민중
산	이효석	문원, 형설
서울, 1964년 겨울	김승옥	문원, 블랙, 천재, 교학, 지학, 중앙
성황당	정비석	형설
소설가 구보씨의 일일	박태원	중앙, 천재, 교학, 대한, 형설, 문원, 민중
수난 이대	하근찬	교학, 지학, 중앙, 문원, 민중, 디딤돌, 케이스
애국부인전	장지연	지학, 한교
어둠의 혼	김원일	천재
역마	김동리	교학, 두산, 천재, 태성, 형설, 상문, 디딤돌

역사	김승옥	중앙
오발탄	이범선	교학, 중앙, 금성, 두산
요한 시집	장용학	교학
운수 좋은 날	현진건	금성, 문원, 천재, 지학, 민중, 두산, 디딤돌, 케이스
유예	오상원	블랙, 천재, 중앙, 교학, 디딤돌, 민중
자유종	이해조	지학, 한교
장삼이사	최명익	천재
전황당인보기	정한숙	중앙
젊은 날의 초상	이문열	지학
젊은 느티나무	강신재	블랙, 중앙, 문원, 상문
제일과 제일장	이무영	중앙
치숙	채만식	문원, 청문, 중앙, 민중, 상문, 케이스
탈출기	최서해	형설, 두산, 민중
탈향	이호철	케이스
태평 천하	채만식	지학, 금성, 블랙, 교학, 형설, 태성, 디딤돌
표본실의 청개구리	염상섭	금성
학마을 사람들	이범선	민중
할머니의 죽음	현진건	중앙
해방 전후	이태준	천재
혈의 누	이인직	천재, 금성, 민중, 교학, 태성, 청문
홍염	최서해	상문, 지학, 금성, 두산, 케이스
화수분	전영택	태성, 중앙, 디딤돌, 블랙

⟨베스트 논술 한국대표문학⟩에 실린 시와 교과서 대조표

* ⟨베스트 논술 한국대표문학⟩에 실린 시와 현행 국어·문학 18종 교과서의 수록 내용을 비교·분석하였다.

작품	작가	출판사	작품	작가	출판사
가는 길	김소월	지학, 블랙, 민중	남으로 창을 내겠소	김상용	지학, 한교, 상문
가을의 기도	김현승	블랙	내 마음은	김동명	중앙, 상문
겨울 바다	김남조	지학	내 마음을 아실 이	김영랑	한교
고향	백석	형설	농무	신경림	지학, 디딤, 금성, 블랙, 교학, 형설, 청문
국경의 밤	김동환	지학, 천재, 금성, 블랙, 태성			
국화 옆에서	서정주	민중	누가 하늘을 보았다 하는가	신동엽	두산
귀천	천상병	지학, 디딤돌	눈길	고은	문원
귀촉도	서정주	지학	님의 침묵	한용운	지학, 천재, 두산, 교학, 민중, 한교, 태성, 디딤돌
그 날이 오면	심훈	지학, 블랙, 교학, 중앙			
그대들 돌아오시니	정지용	두산	떠나가는 배	박용철	지학, 한교
그 먼 나라를 알으십니까	신석정	교학, 대한	머슴 대길이	고은	디딤돌, 천재
			먼 후일	김소월	청문
껍데기는 가라	신동엽	지학, 천재, 금성, 블랙, 교학, 한교, 상문, 형설, 청문	모란이 피기까지는	김영랑	지학, 천재, 금성, 형설
			목계 장터	신경림	문원, 한교, 청문
꽃	김춘수	금성, 문원, 교학, 중앙, 형설	목마와 숙녀	박인환	민중
			바다와 나비	김기림	금성, 블랙, 한교, 대한, 형설
끝없는 강물이 흐르네	김영랑	디딤, 교학	바위	유치환	금성, 문원, 중앙, 한교
나그네	박목월	천재, 블랙, 중앙, 한교	별 헤는 밤	윤동주	문원, 민중
나룻배와 행인	한용운	문원, 블랙, 대한, 형설	봄은 간다	김억	한교, 교학
남신의주 유동 박시봉방	백석	지학, 두산, 상문	봄은 고양이로다	이장희	블랙

작품	작가	출판사
불놀이	주요한	금성, 형설
빼앗긴 들에도 봄은 오는가	이상화	지학, 천재, 문원, 블랙, 디딤돌, 중앙
산 너머 남촌에는	김동환	천재, 블랙, 민중
산유화	김소월	두산, 민중
살아 있는 것이 있다면	박인환	대한, 교학
살아 있는 날은	이해인	교학
생명의 서	유치환	한교, 대한
샤갈의 마을에 내리는 눈	김춘수	지학, 블랙, 태성
서시	윤동주	디딤돌, 민중
설일	김남조	교학
성묘	고은	교학
성북동 비둘기	김광섭	지학
쉽게 씌어진 시	윤동주	지학, 디딤돌, 중앙
승무	조지훈	지학, 디딤돌, 금성
알 수 없어요	한용운	중앙, 대한
어서 너는 오너라	박두진	디딤돌, 금성, 한교, 교학
오감도	이상	디딤돌, 대한
와사등	김광균	민중
우리가 물이 되어	강은교	지학, 문원, 교학, 형설, 청문, 디딤돌
우리 오빠의 화로	임화	디딤돌, 대한
울음이 타는 가을 강	박재삼	지학, 교학
자수	허영자	교학

작품	작가	출판사
자화상	노천명	민중
절정	이육사	지학, 천재, 금성, 두산, 문원, 블랙, 교학, 태성, 청문, 디딤돌
접동새	김소월	교학, 한교
조그만 사랑 노래	황동규	문원, 중앙
즐거운 편지	황동규	지학, 형설, 청문
진달래꽃	김소월	천재, 태성
청노루	박목월	지학, 문원, 상문
초토의 시 8	구상	지학, 천재, 두산, 상문, 태성
초혼	김소월	디딤돌, 금성, 문원
타는 목마름으로	김지하	디딤돌, 금성, 문원, 민중
풀	김수영	지학, 금성, 민중, 한교, 태성
프란츠 카프카	오규원	천재, 태성
피아노	전봉건	태성
해	박두진	두산, 블랙, 민중, 형설
해에게서 소년에게	최남선	지학, 천재, 금성, 두산, 문원, 민중, 한교, 대한, 형설, 태성, 청문, 디딤돌
향수	정지용	지학, 문원, 블랙, 교학, 한교, 상문, 청문, 디딤돌

〈베스트 논술 한국대표문학〉에 실린 시조와 교과서 대조표

*〈베스트 논술 한국대표문학〉에 실린 시조와 현행 국어·문학 18종 교과서의 수록 내용을 비교·분석하였다.

작품	작가	출판사
가노라 삼각산아	김상헌	교학, 형설
가마귀 눈비 맞아	백팽년	교학
가마귀 싸우는 골에	정몽주 어머니	교학
강호 사시가	맹사성	디딤돌, 두산, 교학
고산구곡	이이	한교
공명을 즐겨 마라	김삼현	지학
구름이 무심탄 말이	이존오	천재
국화야 너난 어이	이정보	블랙
녹초 청강상에	서익	지학
농암가	이현보	민중
뉘라서 가마귀를	박효관	교학
님 그린 상사몽이	박효관	천재
대추볼 붉은 골에	황희	중앙
도산 십이곡	이황	디딤돌, 블랙, 민중, 형설, 태성
동짓달 기나긴 밤을	황진이	지학, 천재, 금성, 두산, 문원, 교학, 상문, 대한
마음이 어린후니	서경덕	지학, 금성, 블랙, 한교
말없는 청산이요	성혼	지학, 천재
방안에 혔는 촉불	이개	천재, 금성, 교학
백구야 말 물어보자	김천택	지학
백설이 자자진 골에	이색	지학
삭풍은 나무끝에	김종서	중앙, 형설
산촌에 눈이 오니	신흠	지학

작품	작가	출판사
삼동에 베옷 닙고	조식	지학, 형설
산인교 나린 물이	정도전	천재
수양산 바라보며	성삼문	천재, 교학
십년을 경영하여	송순	지학, 금성, 블랙, 중앙, 한교, 상문, 대한, 형설
어리고 성긴 매화	안민영	형설
어부사시사	윤선도	금성, 문원, 민중, 상문, 대한, 형설, 청문
오리의 짧은 다리	김구	청문
오백년 도읍지를	길재	블랙, 청문
오우가	윤선도	형설
이몸이 죽어가서	성삼문	지학, 두산, 민중, 대한, 형설
이시렴 부디 갈다	성종	지학
이화에 월백하고	이조년	디딤돌, 천재, 두산
이화우 흣뿌릴 제	계랑	한교
재너머 성권농 집에	정철	천재, 형설
천만리 머나먼 길에	왕방연	문원, 블랙
청산리 벽계수야	황진이	지학
추강에 밤이 드니	월산대군	천재, 금성, 민중
춘산에 눈녹인 바람	우탁	디딤돌
풍상이 섞어 친 날에	송순	지학, 청문
한손에 막대 잡고	우탁	금성
훈민가	정철	지학, 금성
흥망이 유수하니	원천석	천재, 중앙, 한교, 디딤돌, 대한

⟨베스트 논술 한국대표문학⟩에 실린 수필과 교과서 대조표

* ⟨베스트 논술 한국대표문학⟩에 실린 수필과 현행 국어 · 문학 18종 교과서의 수록 내용을 비교 · 분석하였다.

작품	작가	출판사
가난한 날의 행복	김소운	천재
가람 일기	이병기	지학
구두	계용묵	디딤돌, 문원, 상문, 대한
그믐달	나도향	블랙, 태성
꼴찌에게 보내는 갈채	박완서	태성
나무	이양하	상문
나무의 위의	이양하	문원, 태성
낭객의 신년 만필	신채호	두산, 블랙, 한교
딸깍발이	이희승	지학, 디딤돌, 청문
멋없는 세상 멋있는 사람	김태길	중앙
무궁화	이양하	디딤돌
백설부	김진섭	지학, 천재, 형설, 태성, 청문
생활인의 철학	김진섭	지학, 태성
수필	피천득	지학, 천재, 한교, 태성, 청문
수학이 모르는 지혜	김형석	청문
슬픔에 관하여	유달영	문원, 중앙
웃음설	양주동	교학, 태성
은전 한 닢	피천득	금성, 대한
이야기	피천득	지학, 청문
인생의 묘미	김소운	지학
지조론	조지훈	블랙, 한교
청춘 예찬	민태원	금성, 블랙
특급품	김소운	교학
폭포와 분수	이어령	지학, 블랙
피딴 문답	김소운	디딤돌, 금성, 한교
행복의 메타포	안병욱	교학
헐려 짓는 광화문	설의식	두산

베스트 논술 한국대표문학 ㉚

화수분 · 창랑 정기 외

지은이 전영택 / 유진오 / 정비석
펴낸이 류성관
펴낸곳 SR&B(새로본닷컴)
주 소 서울특별시 마포구 망원동 463-2번지
전 화 02)333-5413
팩 스 02)333-5418
등 록 제10-2307호
인 쇄 만리 인쇄사